AJA DEVI

DIE KRAFT DER AKASHA CHRONIK

WirmachenDruck.de
Sie sparen, wir drucken!

Email: info@edition-lunerion.de
www.edition-lunerion.de

Psiana eCom UG
Berumer Str. 44
26844 Jemgum

INHALT

Auf dem Weg zur persönlichen Transformation

In diesem Buch geht es darum, wie Sie Ihre innere Führung und Intuition nutzen und Ihre Verbindung zur Akasha Chronik herstellen können, um ein Leben zu führen, das auf Ihren eigenen Bedürfnissen und Werten basiert, und auf diese Weise zu mehr Erfullung und Glück zu finden. Das Ziel ist es, Ihnen eine Anleitung an die Hand zu geben, mit der Sie Ihre innere Stärke und Weisheit aktivieren und sich in Ihrem Alltag auf Ihre Intuition und Ihre innere Führung verlassen können. Dabei greifen Sie auf verschiedene Werkzeuge und Techniken zurück, wie zum Beispiel Meditation, Energiearbeit, Visualisierungen und Affirmationen.

Sie werden erfahren, wie Sie Ihre individuelle Lebensaufgabe und Berufung erkennen, Ihre Gesundheit und Ihr Wohlbefinden fördern, Fülle und Manifestation in Ihr Leben einladen, Ihre Blockaden und alten Muster lösen und Ihre Zukunft gestalten können. Sie werden auch entdecken, wie Sie Ihre Träume und Visionen verwirklichen und Ihre Lebensqualität verbessern können.

Mithilfe der Werkzeuge und Übungen werden Sie schon nach kurzer Zeit in der Lage sein, Ihre innere Stärke zu aktivieren und Ihre spirituelle Entwicklung voranzutreiben.

Sie werden lernen, wie Sie Ihre Erkenntnisse und Ziele ausrichten und auf Ihre innere Führung und Intuition vertrauen können, um ein erfülltes und authentisches Leben zu führen.

Grundlagen der Akasha Chronik

Die Akasha Chronik ist ein Begriff, der in vielen esoterischen und spirituellen Traditionen bekannt ist. Sie wird oft als eine Art "Bibliothek" beschrieben, die alle Informationen über alles enthält, was jemals in der Welt geschehen ist und noch geschehen wird. Die Chronik wird auch als das "Gedächtnis des Universums" bezeichnet, da sie die umfassendste Sammlung von Daten über alle Ereignisse und Erfahrungen enthält, die theoretisch denkbar ist.

Es wird angenommen, dass jeder Mensch, jedes Tier und jede Pflanze eine Art von Akasha-Energie besitzt. Es ist ein spirituelles Feld der Möglichkeiten, das in der Lage ist, sämtliche Erlebnisse und Erfahrungen eines Lebens sowie vergangener Existenzformen wie auf einem Computer zu speichern. Jede Seele befindet sich auf ihrer eigenen Reise und all ihre Taten, Emotionen und Gedanken werden auf einer kosmischen und multidimensionalen Festplatte abgespeichert.

Die Idee der Akasha Chronik stammt aus dem Sanskrit-Wort "Akasha", was Himmel, Raum oder Äther bedeutet. Es ist ein nicht-physisches Feld, das alle Informationen enthält, die benötigt werden, um persönliche Fragen zu klären, sei es zu Beziehungen, Beruf, Krankheiten oder emotionalen Blockaden.

Die Wurzeln dieses Konzepts sind tatsächlich sehr alt und gehen auf verschiedene spirituelle und religiöse Traditionen zurück:

- In der hinduistischen Philosophie wurde die Idee der Akasha als "unendlicher Raum" beschrieben, der den Kosmos umgibt und alles in sich enthält. Ähnlich wie bei der Akasha Chronik wurde auch hier angenommen, dass alle Erfahrungen, Gedanken und Handlungen eines Individuums im Akasha gespeichert werden.
- In der tibetischen Tradition wird die Akasha als "Licht ätherischer Weite" beschrieben, in der alle Informationen über das Universum gespeichert sind. Im Buddhismus gibt es auch die Vorstellung eines "allwissenden Bewusstseins", das in der Lage ist, alle Erfahrungen, Gedanken und Handlungen eines Individuums zu erfassen und zu speichern.
- In der griechischen Philosophie wurde das Konzept der Akasha ebenfalls aufgegriffen. Der Philosoph Aristoteles verwendete den Begriff "Aither" für das fünfte Element, das den Himmel und die Sterne umgibt und die Grundlage für die Existenz von allem bildet. In der alchemistischen Tradition wurde Akasha als "Äther" bezeichnet, das die Materie durchdringt und mit ihr interagiert.

Obwohl das Konzept der Akasha Chronik in verschiedenen Traditionen und Kulturen vorkommt, wurde der Begriff "Akasha Chronik" selbst erst in der neueren esoterischen Literatur populär gemacht. Die Idee der Akasha Chronik als eine Art "Bibliothek des Universums" hat sich im Laufe der Jahre weiterentwickelt und ist zu einem wichtigen Konzept in vielen esoterischen und spirituellen Traditionen geworden. Es wird angenommen, dass durch den Zugang zur Akasha Chronik die Menschen in der Lage sind, ihr Leben besser zu verstehen und ihre spirituelle Entwicklung zu fördern.

Die Vorstellung, dass jedes lebende Wesen eine Art von Akasha-Energie besitzt, basiert darauf, dass alles im Universum miteinander verbunden ist und von einer universellen Energie durchdrungen wird. Diese Energie wird oft als "Prana" bezeichnet und stammt aus der vedischen Tradition Indiens.

Exkurs:

Die vedische Tradition Indiens

Die ältesten Texte dieser Tradition, die Veden, gehen auf etwa 1500 v. Chr. zurück und enthalten religiöse Hymnen und Rituale. Die vedische Philosophie hat auch Einflüsse auf andere religiöse Traditionen wie Hinduismus, Buddhismus und Jainismus gehabt.

In der vedischen Tradition wird die Welt als ein miteinander verwobenes Netzwerk von Energie und Bewusstsein betrachtet. Die Suche nach Wissen und Selbsterkenntnis steht im Zentrum der vedischen Philosophie. Ein wichtiger Aspekt ist die Idee der Wiedergeburt, die auch eng mit dem Konzept von Karma verbunden ist. Nach der vedischen Vorstellung beeinflussen unsere Handlungen und Gedanken unser Schicksal auch in zukünftigen Leben.

Aus ihr entwickelte sich auch eine umfangreiche Praxis von Yoga und Meditation, die auf die Erreichung von geistiger Klarheit, Bewusstseinserweiterung und innerem Frieden abzielen. Die vedische Astrologie, auch Jyotish genannt, ist ein weiterer wichtiger Aspekt der vedischen Tradition und befasst sich mit der kosmischen Ausrichtung und ihren Auswirkungen auf das individuelle Schicksal.

Das spirituelle Schwingungsfeld, das als Akasha-Energie bezeichnet wird, ist ein Ausdruck dieser universellen Energie und kann von manchen Menschen sogar wahrgenommen werden. Es wird oft als eine unsichtbare Hülle um jedes lebende Wesen beschrieben, die seine Essenz und all seine Erfahrungen enthält. Erfahrene Medien oder spirituelle Lehrer können diese Hülle lesen, um Erkenntnisse und Informationen zu gewinnen, die sonst nicht zugänglich wären.

Ein integraler Bestandteil der Akasha Chronik ist das Konzept der Seelenreise. Demnach ist das Leben ein Lernprozess, in dessen Verlauf jedes lebende Wesen eine bestimmte Aufgabe oder Lektion zu lernen hat, um sich spirituell weiterzuentwickeln. Diese Lektionen können in Form von Erfahrungen, Beziehungen, Berufen oder Krankheiten erfolgen.

Die auf diese Weise erfolgende Weiterentwicklung unserer Seele, von Leben zu Leben, ist ein zentraler Gedanke vieler spiritueller Traditionen und Glaubensrichtungen. Dieses Konzept wird oft als "Reinkarnation" bezeichnet. Das heißt, es geht davon aus, dass die Seele nach dem Tod in einen neuen Körper wiedergeboren wird, um ihre Lernprozesse fortzusetzen. Die Akasha Chronik wird in diesem Zusammenhang oft als eine Art "Buch des Lebens" beschrieben, das die Aufzeichnungen der vergangenen Leben und die gegenwärtigen Lektionen der Seele enthält.

Die Vorstellung von der Reinkarnation und der Akasha Chronik hat eine lange Tradition und ist in vielen verschiedenen Kulturen und Glaubensrichtungen zu finden. In der hinduistischen und buddhistischen Tradition ist das Thema der Wiedergeburt, wie bereits erörtert, ein zentraler Glaubenssatz. Aber auch in der westlichen Welt gibt es spirituelle Lehrer und esoterische Gruppen, die sich mit der Idee der Reinkarnation und der Akasha Chronik beschäftigen

Die Idee, dass etwas wie die Akasha Chronik existieren könnte, hat auch das Interesse der modernen Wissenschaft geweckt. Einige Forscher haben versucht, den wissenschaftlichen Beweis für die Existenz dieses universalen Speichers zu finden. Obwohl es keine eindeutigen Beweise gibt, die die Existenz der Akasha Chronik nachweisen, gibt es viele Hinweise und Anzeichen, die darauf hindeuten, dass es sich um eine echte und bedeutungsvolle Entität handelt.

In der heutigen schnelllebigen Welt suchen viele Menschen nach einem tieferen Verständnis von sich selbst und ihrer Umwelt. Die Akasha Chronik bietet eine Möglichkeit, dieses Verständnis zu erlangen, indem sie den Menschen Zugang zu einem riesigen Archiv von Wissen und Weisheit bietet. Es ist ein wertvolles Werkzeug für die spirituelle Entwicklung und die Erkundung des Selbst.

Es gibt viele verschiedene Ansätze, um Zugang zur Akasha Chronik zu bekommen, die Sie im Zuge dieses Buches noch weiter vertiefen werden. Ein möglicher Ansatz führt durch eine spirituelle Praxis, wie beispielsweise die Meditation, die es Ihnen ermöglicht, in einen Zustand der Stille und des Empfangens zu gelangen und in späteren Kapiteln ausführlicher behandelt wird. In diesem Zustand können Sie sich ganz auf die Absicht konzentrieren, die gewünschten Informationen aus der Akasha Chronik zu empfangen, um dann darauf zu vertrauen, dass die Informationen auf eine Weise zu Ihnen kommen, die für Sie persönlich am besten geeignet ist.

Einen weiteren Ansatz stellt ein Akasha-Chronik-Leser dar. Ein Akasha-Chronik-Leser ist jemand, der die Fähigkeit hat, in der Chronik zu lesen oder zu "erspüren" und die Informationen daraus zu interpretieren. Durch eine Sitzung mit einem Leser können spezifische Fragen gestellt und Antworten auf Themen wie Beziehungen, Beruf, Gesundheit und spirituelle Entwicklung erlangt werden.

Die auf diese Weise erlangten Informationen aus der Akasha Chronik sollten nicht dazu dienen, wichtige Entscheidungen, oder Entscheidungen im Allgemeinen, aus der Hand zu geben. Stattdessen sollten sie als Werkzeug zur Unterstützung der eigenen Entscheidungsfindung genutzt werden. Es ist auch wichtig, zu betonen, dass die Akasha Chronik keine Prophezeiungen macht, sondern vielmehr Einblicke in die Möglichkeiten und Wahrscheinlichkeiten bietet, die auf der Grundlage der gegenwärtigen Energie und Schwingung vorhanden sind.

Obwohl die Idee der Akasha Chronik für manche Menschen schwer vorstellbar oder gar abwegig erscheinen mag, gibt es viele, die davon überzeugt sind, dass sie eine wertvolle Ressource für die persönliche und spirituelle Entwicklung darstellt. Bleiben Sie dennoch stets kritisch und prüfen Sie die eigenen Erfahrungen und Empfindungen, um zu entscheiden, ob der Zugang zur Akasha Chronik für Sie selbst sinnvoll und hilfreich ist.

Die Akasha Chronik kann eine wertvolle Ressource für jeden sein, der seine Vergangenheit, Gegenwart und Zukunft besser verstehen und seine spirituelle Entwicklung vorantreiben möchte. Durch den Zugang zu dieser Bibliothek der Weisheit können Menschen mehr über sich selbst und ihre Lebensreise erfahren. Die Chronik kann auch dabei helfen, schlummernde Talente aufzudecken und das Wissen, die Weisheit, die Liebe und die Heilung zu zeigen, die in jedem von uns stecken.

Die Akasha Chronik ist jedoch keine religiöse Vorstellung. Sie ist vielmehr ein spirituelles Konzept, das in vielen verschiedenen Glaubensrichtungen und Traditionen vorkommt. Die Chronik ist ein gigantischer Speicher, der weit über die Grenzen von Kulturen, Sprachen und Religionen hinausgeht.

ERFAHRUNGEN DER SEELE AUS VERGANGENEN LEBEN

Die Seelenreise, also die Überzeugung, dass die Seele eines Menschen auch nach dem Leben fortbesteht und in verschiedenen Inkarnationen weiterlebt, ist in vielen Kulturen zu finden. Die Vorstellung, dass Erfahrungen und Lektionen aus vergangenen Leben die Gegenwart beeinflussen, ist ein zentraler Aspekt vieler esoterischer Lehren. Im Kontext der Akasha Chronik geht es darum, dass sämtliche Erfahrungen, Handlungen und Gedanken, die ein Mensch im vorangegangenen Leben gemacht hat, in der Akasha Chronik gespeichert sind.

Diese Vorstellung impliziert, dass die Seele eines Menschen in jedem Leben neue Erfahrungen macht, die aus früheren Inkarnationen resultieren. In diesem Kontext wird oft von "Karma" gesprochen, was im Hinduismus und Buddhismus als eine Art Gesetz der Ursache und Wirkung verstanden wird. Das bedeutet, dass jede Handlung, jede Entscheidung und jeder Gedanke eine Konsequenz hat, die sich auf das aktuelle und künftige Leben auswirken kann.

Im Hinduismus zum Beispiel ist der Glaube an Wiedergeburt und Karma besonders tief verwurzelt. Die Hindus glauben, dass die Seele jedes Wesens, ob Mensch oder Tier, unsterblich ist und dass sie nach dem Tod des Körpers in einem neuen Körper wiedergeboren wird. Die Art des neuen Körpers, in den die Seele hineingeboren wird, hängt von den Handlungen und Gedanken ab, die im vergangenen Leben gemacht wurden. Dieses Konzept des Karmas besagt, dass jede Handlung und jeder Gedanke eine Auswirkung auf die Seele hat und die Art und Weise bestimmt, welche Erfahrungen in welcher Form im nächsten Leben gemacht werden.

Auch im Buddhismus gibt es den Glauben an Wiedergeburt und Karma. Allerdings geht der Buddhismus davon aus, dass es keine unveränderliche Seele gibt, sondern dass alles einem ständigen Wandel unterworfen ist. Es wird davon ausgegangen, dass jede Handlung und jeder Gedanke einen karmischen Effekt hat, der die Seele in ihrem evolutionären Fortschritt beeinflusst. Der Buddhismus lehrt, dass es das Ziel ist, durch gutes Karma und die Erfüllung der Vier Edlen Wahrheiten und des Achtfachen Pfades (den zentralen Bestandteilen der buddhistischen Lehre) aus dem Kreislauf der Wiedergeburten auszusteigen und so das Nirwana zu erreichen.

In der jüdisch-christlichen Tradition gibt es ebenfalls Bezugnahmen auf die Idee der Wiedergeburt. Allerdings wird der Glaube an Wiedergeburt in diesen Traditionen oft als eine individuelle Überlegung oder Interpretation angesehen und nicht als eine offizielle Lehre. Einige moderne christliche Autoren, wie etwa Sylvia Browne, haben jedoch versucht, eine Synthese zwischen der christlichen Lehre und der Idee der Wiedergeburt zu finden, eher mit mäßigem Erfolg. Andere Christen lehnen die Idee der Wiedergeburt ab und halten sie für unvereinbar mit der christlichen Lehre. Es gibt auch einige Theologen, die argumentieren, dass die Idee der Wiedergeburt im Neuen Testament zu finden ist, aber dass sie im Laufe der Geschichte aus der offiziellen Lehre entfernt wurde. Die meisten christlichen Kirchen lehnen die Idee der Wiedergeburt ab und betrachten sie als eine nicht-biblische und möglicherweise irreführende Lehre. Die Tatsache, dass die Idee der Wiedergeburt und des Karmas in so vielen verschiedenen spirituellen Traditionen und Religionen zu finden ist, zeigt, dass diese Konzepte für viele Menschen eine wichtige Rolle einnehmen, wenn es darum geht, das Leben, das Universum und unseren Platz im großen Ganzen zu verstehen. Die Vorstellung, dass die Seele in verschiedenen Inkarnationen lebt und durch Karma und Erfahrungen wächst, gibt vielen Menschen Trost und Hoffnung auf ein Weiterbestehen nach dem Tod und ein tieferes Verständnis für ihre Existenz und ihre Lektionen.

In der westlichen Welt ist das Konzept der Wiedergeburt und des Karmas erst seit dem 19. Jahrhundert weit verbreitet. Autoren wie Helena Blavatsky, Gründerin der Theosophischen Gesellschaft, trugen dazu bei, dass die Idee des Karmas und der Wiedergeburt im Westen bekannt wurde. Blavatsky glaubte, dass alle Erfahrungen, Gedanken und Handlungen eines Menschen in der Akasha Chronik aufgezeichnet werden und dass diese Informationen von erfahrenen Medien abgerufen werden können.Auch der berühmte Psychiater und Analytiker Carl Jung beschäftigte sich mit dem Konzept der Wiedergeburt. Er glaubte, dass transpersonale Erfahrungen, die in der Psychotherapie gemacht werden, auf Erfahrungen aus vergangenen Leben zurückzuführen sind. Jung war der

Ansicht, dass transpersonale Erfahrungen auf eine transzendente Dimension hinweisen, in der alle Seelen miteinander verbunden sind. Es gibt auch moderne Autoren und spirituelle Lehrer, die sich mit dem Thema befassen. Brian Weiss ist ein bekannter Psychiater und Autor, der in seinen Büchern über seine Erfahrungen mit der Regressionshypnose und der Wiedergeburt berichtet. Er hat auch eine Methode namens "Past Life Regression Therapy" entwickelt, bei der Patienten durch Hypnose in vergangene Leben zurückgeführt werden. Es gibt eine Fülle von Quellen und Schriften, die sich mit dem Konzept von Wiedergeburt und Karma auseinandersetzen. Der Glaube daran, dass die Seele Erfahrungen aus vergangenen Leben mit sich trägt und diese Erfahrungen die Gegenwart beeinflussen können, kann dabei helfen, Muster im eigenen Leben zu erkennen und zu verstehen.

Seelenreading

Eine Möglichkeit, auf die Erfahrungen der Seele aus vorangegangenen Leben zuzugreifen, ist durch ein sogenanntes Seelenreading. Erfahrene Medien oder spirituelle Lehrer können auf die Akasha Chronik zugreifen und Informationen über vergangene Leben und Lektionen der Seele offenbaren. Diese Informationen können dabei helfen, Muster in Beziehungen, Beruf, Gesundheit oder anderen Bereichen unseres Alltags zu erkennen und zu verstehen.

Seelenreadings in der Gegenwart

Seelenreadings sind eine Praxis, die auf die Vorstellung zurückgeht, dass die Seele Erfahrungen aus früheren Leben mit sich trägt und dass diese Erfahrungen unser gegenwärtiges Leben beeinflussen. Diese Praxis hat in verschiedenen Kulturen und Traditionen eine lange Geschichte und ist seit Jahrhunderten Teil des spirituellen Glaubens vieler Menschen. In unserer modernen Zeit können diese Readings auf die verschiedensten Arten durchgeführt werden. Einige Praktiker führen Seelenreadings persönlich durch, während andere dies über Telefon oder Videoanrufe tun. Einige verwenden auch spezielle Werkzeuge wie Tarotkarten, Pendel oder Kristallkugeln, um eine Verbindung zur Energie der Person herzustellen und Antworten auf ihre Fragen zu erhalten.

Während eines Seelenreadings kann der Praktiker die Aura und die Energie der Person lesen, um Informationen über vergangene Leben, aktuelle Lebensumstände und zukünftige Entwicklungen zu erhalten. Die Person kann auch um spezifische Ratschläge oder Antworten auf Fragen zu verschiedenen Aspekten ihres Lebens bitten, wie Beziehungen, Karriere oder Gesundheit.

Eine berühmte Persönlichkeit, die sich für Seelenreadings interessierte, war die Schauspielerin Shirley MacLaine. In den 1980er Jahren schrieb sie ein Buch mit dem Titel "Out on a Limb", in dem sie ihre eigenen Erfahrungen mit verschiedenen esoterischen Praktiken, einschließlich Seelenreadings, beschrieb. Sie schildert, wie sie durch ein Seelenreading tiefe Einblicke in ihr eigenes Leben und ihre Vergangenheit erhielt und wie diese Erfahrung sie dazu brachte, sich intensiver mit Spiritualität und den Themen Wiedergeburt und Karma zu beschäftigen. In ihrem Buch betont MacLaine auch die Bedeutung von Seelenreadings als Werkzeug zur persönlichen Entwicklung und Selbsterkenntnis.

Es gibt verschiedene Arten von Seelenreadings, darunter mediale Readings, Kartenlegungen und astrologische Readings. Jede dieser Methoden hat ihre eigenen Techniken und Werkzeuge, um Informationen über die Seele zu sammeln. Ein Medium kann zum Beispiel Kontakt mit verstorbenen Angehörigen oder Geistführern aufnehmen, um Einblicke in frühere Leben zu erhalten. Kartenleser können Tarotkarten oder Orakelkarten verwenden, um Einblicke in vergangene Erfahrungen und Lektionen zu gewinnen. Durch astrologische Readings kann man die Positionen von Planeten und Sternen zum Zeitpunkt der Geburt verwenden, um Rückschlüsse auf die Persönlichkeit und das Schicksal zu ziehen.

Seelenreadings können eine wertvolle Hilfe bei der Selbstreflexion und der persönlichen Entwicklung sein. Es ist jedoch wichtig, zu beachten, dass es sich dabei um einen Glauben und eine spirituelle Praxis handelt und nicht um eine wissenschaftlich nachgewiesene Methode. Wie bei allen esoterischen Praktiken ist es wichtig, dass man sich an erfahrene und seriöse Lehrer und Medien wendet und sein eigenes Urteilsvermögen und seinen gesunden Menschenverstand einsetzt.

Ahnenverstrickungen

Ahnenverstrickungen beziehen sich auf unverarbeitete Erfahrungen oder Traumata, die von unseren Vorfahren stammen und sich auf uns auswirken können. Diese können uns in unseren Beziehungen, unserer Gesundheit, unserem beruflichen und persönlichen Leben beeinflussen und uns daran hindern, unser volles Potenzial zu entfalten. In der Akasha Chronik können diese Ahnenverstrickungen erkannt und aufgearbeitet werden. Das Konzept der Ahnenverstrickungen hat eine lange Geschichte und ist in vielen Kulturen zu finden. In vielen schamanischen Traditionen beispielsweise spielt das Ahnenwissen eine wichtige Rolle. Der Glaube, dass unsere Vorfahren in unser Leben hineinwirken und ihre Erfahrungen an uns weitergegeben haben, ist in vielen indigenen Kulturen tief verwurzelt.

So wird in afrikanischen Traditionen die Ahnenverehrung als zentraler Bestandteil der Religion und Kultur betrachtet. In vielen afrikanischen Kulturen wird davon ausgegangen, dass die Ahnen in der geistigen Welt leben und einen Einfluss auf die Geschicke ihrer Nachkommen haben. In einigen Kulturen werden daher regelmäßig Opfergaben und Zeremonien für die Ahnen erbracht.

Auch in der indigenen Kultur der Native Americans spielt das Wissen der Ahnen eine wichtige Rolle. So wird in einigen Stämmen das sogenannte "Redenstab"-Ritual praktiziert, bei dem ein Stab von Hand zu Hand weitergegeben wird, während jeder Teilnehmer seine eigene Geschichte erzählt. Durch das Teilen dieser Geschichten können Verstrickungen aufgedeckt und aufgearbeitet werden. Das Konzept der Ahnenverehrung und der damit verbundenen Ahnenverstrickungen ist auch in der chinesischen Tradition zu finden. Hier wird das Konzept der Ahnen als "Ahnenkult" bezeichnet und beinhaltet Ahnenverehrung, Ahnenopfer und Ahnenmeditation.

In der Akasha Chronik können diese Ahnenverstrickungen aufgearbeitet werden, indem man sich bewusst mit den Erfahrungen und Traumata der Vorfahren auseinandersetzt und sie transformiert.

Dies kann dazu beitragen, dass man sich von alten Mustern und Blockaden befreit und sein volles Potenzial entfaltet. In der modernen Psychologie wurden Ahnenverstrickungen erstmals von dem deutschen Psychotherapeuten Bert Hellinger beschrieben. Hellinger, der Begründer der sogenannten Familienaufstellungen, hat in den 1990er Jahren das Konzept der Ahnenverstrickungen in die moderne Psychologie eingeführt. Seine Methode geht davon aus, dass Menschen unbewusst in Konflikte und Probleme ihrer Vorfahren verwickelt sein können, die bis in die Gegenwart nachwirken. Diese Verstrickungen können in Form von belastenden Gedanken, Emotionen, Verhaltensweisen oder körperlichen Symptomen auftreten.

Ablauf einer Familienaufstellung

In der Familienaufstellung werden die unbewussten Verbindungen zwischen den Generationen sichtbar gemacht. Hierbei werden Familienmitglieder oder Stellvertreter in einem Raum platziert und die Beziehungen und Verstrickungen zwischen den einzelnen Personen werden aufgestellt. Durch das Erkennen und Lösen dieser Verstrickungen können viele Probleme in Beziehungen, Gesundheit und anderen Lebensbereichen gelöst werden.

Dabei können alte Traumata, Konflikte und Verstrickungen aufgedeckt und bearbeitet werden. Hellinger hat durch seine Arbeit viele Anhänger und Kritiker gefunden, aber seine Methode hat auch international Anerkennung gefunden und wird inzwischen in vielen Ländern eingesetzt. In der modernen Gesellschaft, in der viele Menschen sich entwurzelt und isoliert fühlen, kann die Verbindung zu den Vorfahren eine wichtige Quelle der Stärkung und Inspiration sein.

In der Akasha Chronik können Ahnenverstrickungen auf ähnliche Weise erkannt und gelöst werden. Erfahrene Medien oder spirituelle Lehrer können auf die Akasha Chronik zugreifen, indem sie die Aura einer Person "lesen" oder erspüren und so Informationen über vergangene Generationen und deren Erfahrungen offenbaren. Durch das Bewusstwerden und Aufarbeiten dieser Verstrickungen können negative Auswirkungen in unserem Leben reduziert oder vollständig beseitigt werden.

Ahnenverstrickungen können ein wichtiger Faktor bei der Arbeit mit der Akasha Chronik sein. Durch das Erkennen und Lösen dieser Verstrickungen sind wir in der Lage, unser Leben auf eine Weise zu verändern, die es uns ermöglicht, unser volles Potenzial zu entfalten und uns von emotionalen und körperlichen Blockaden zu befreien.

Transgenerationale Erfahrungen

Transgenerationale Erfahrungen beziehen sich auf die Übertragung von Erfahrungen und Traumata von einer Generation auf die nächste. Diese Übertragung kann bewusst oder unbewusst ablaufen und kann Auswirkungen auf das Verhalten, die Emotionen und das Wohlbefinden der nachfolgenden Generationen haben.

In Bezug auf die Akasha Chronik können transgenerationale Erfahrungen auch die Übertragung von Erfahrungen und Lektionen aus vergangenen Leben beinhalten. Wenn eine Seele in einem früheren Leben ein Trauma erlebt hat, kann dies Auswirkungen auf das gegenwärtige Leben haben und sich in verschiedenen Formen von körperlichen oder emotionalen Problemen äußern. Wenn diese Erfahrungen nicht vollständig verarbeitet werden, können sie in zukünftigen Leben erneut auftauchen.

Es gibt viele Beispiele in der Geschichte, in denen transgenerationale Erfahrungen sichtbar wurden. Ein berühmtes Beispiel ist die Übertragung von Traumata von Holocaust-Überlebenden auf ihre Kinder und Enkel. Es wurde gezeigt, dass diese Nachkommen ein höheres Risiko für psychische Störungen haben und ähnliche Symptome wie ihre Eltern und Großeltern aufweisen können. Durch den Zugriff auf die Akasha Chronik können transgenerationale Erfahrungen aufgedeckt und bearbeitet werden. Erfahrene Medien oder spirituelle Lehrer können Informationen über vergangene Leben und Erfahrungen von Vorfahren offenbaren und helfen, Muster und Blockaden in Bezug auf Familienbeziehungen, Gesundheit und Beruf zu erkennen und zu lösen. Die Auseinandersetzung mit transgenerationalen Erfahrungen und der Akasha Chronik kann zu einer tiefen Heilung führen, die nicht nur den Einzelnen, sondern auch zukünftige Generationen betrifft. Es zeigt, dass Erfahrungen und Lektionen aus vergangenen Leben und vergangenen Generationen auch heute noch Auswirkungen haben können und dass es wichtig ist, sich damit auseinanderzusetzen und sie zu verarbeiten, um ein erfülltes und glückliches Leben zu führen. Die verschiedenen Möglichkeiten des Zugangs zu Erfahrungen der Seele aus vorangegangenen Leben zeigen, wie tiefgreifend und prägend diese Erfahrungen sein können. Die bewusste Beschäftigung mit unserer Vergangenheit versetzt uns in die Lage, Traumata aufzubereiten und Blockaden zu lösen, sodass wir uns auf eine Reise zu tieferer Selbsterkenntnis und persönlicher Entwicklung begeben können.

DIE EIGENE LEBENSENERGIE

In der Akasha Chronik wird die individuelle Lebensenergie in Form von "Aufzeichnungen" gespeichert, die Auskunft über alle vergangenen Leben, Erfahrungen und Handlungen des Individuums geben. Die Lebensenergie des Menschen ist dabei nicht als physische Entität (wie auf einer CD beispielsweise) in der Chronik gespeichert, sondern eher als immaterielle Spur oder Schwingung, die die Person während ihres Lebens erzeugt hat. Diese gespeicherten Informationen umfassen nicht nur vergangene Leben, sondern auch den gegenwärtigen Zustand und die Zukunftsaussichten des Individuums. Zugang zu diesen Aufzeichnungen zu erhalten, kann helfen, die eigene Lebensenergie besser zu verstehen und zu transformieren. Wenn Sie vorhaben, Ihre eigene Lebensenergie besser kennenzulernen, ist es wichtig, sich bewusst mit Ihren Gedanken, Emotionen und körperlichen Empfindungen auseinanderzusetzen. Indem Sie regelmäßig Ihre Aufmerksamkeit auf Ihre eigenen Empfindungen und Gedanken richten, können Sie ein besseres Verständnis dafür entwickeln, wie sich Ihre Energie in verschiedenen Situationen verhält. Wichtig hierfür ist die Bewusstwerdung. Diese wird nachfolgend näher erläutert.

Bewusstwerdung

Ein wichtiger Aspekt bei der Arbeit an der eigenen Lebensenergie ist die Bewusstwerdung. Indem Sie sich bewusst mit vergangenen und gegenwärtigen Erfahrungen und Emotionen auseinandersetzen, können Sie beginnen, die eigene Lebensenergie zu transformieren. Doch wie genau können Sie sich mit diesen Erfahrungen auseinandersetzen?

Ein erster Schritt ist, sich Zeit und Raum zu geben, um sich mit sich selbst zu beschäftigen. Schaffen Sie sich regelmäßig und bewusst einen Moment der Ruhe und Stille, um in sich hineinzuhören und Ihr Innenleben zu reflektieren. Sie können sich dabei Fragen stellen wie "Was fühle ich im Moment?", "Welche Erfahrungen habe ich in der Vergangenheit gemacht, die noch immer Auswirkungen auf mich haben?" oder "Was sind meine tiefsten Sehnsüchte und Bedürfnisse?".

Praxistipp:

So nutzen Sie ein Tagebuch zur Bewusstwerdung

Richten Sie sich eine feste Zeit für das Schreiben ein: Nehmen Sie sich täglich Zeit, um in Ihr Tagebuch zu schreiben. Es kann dabei helfen, Ihre Gedanken und Gefühle zu sortieren und sich bewusster mit ihnen auseinanderzusetzen.

Schreiben Sie frei heraus: Schreiben Sie einfach drauflos, ohne sich um Grammatik oder Rechtschreibung zu kümmern. Nichts ist zu unsinnig oder banal, um nicht aufgeschrieben zu werden.

Reflektieren Sie über Vergangenes: Nutzen Sie Ihr Tagebuch, um über vergangene Erfahrungen und Emotionen zu reflektieren. Schreiben Sie über Dinge, die Sie belasten, oder über Erfolge und positive Erlebnisse.

Seien Sie achtsam im Hier und Jetzt: Nutzen Sie Ihr Tagebuch, um achtsam im gegenwärtigen Moment zu sein. Schreiben Sie über Ihre aktuellen Gedanken und Emotionen, über Ihre Ziele und Träume.

Nutzen Sie das Tagebuch als Werkzeug zur Transformation: Nutzen Sie das Tagebuch, um Ihre Gedanken und Emotionen zu transformieren. Schreiben Sie über positive Veränderungen, die Sie in Ihrem Leben vornehmen möchten, und über die Schritte, die Sie unternehmen können, um diese Veränderungen zu erreichen.

Das Führen eines Tagebuchs erfordert Zeit und Engagement, aber es kann eine wertvolle Methode sein, um bewusster zu werden und Ihre Lebensenergie zu transformieren. Probieren Sie es aus und sehen Sie, wie es sich auf Ihr Leben auswirken kann.

Ein weiterer Schritt ist, Ihre Emotionen und Gedanken zu akzeptieren und anzunehmen, anstatt sich abzulenken, sie zu unterdrücken oder zu verdrängen. Dies kann bedeuten, dass Sie sich erlauben, traurig, wütend oder verletzlich zu sein, ohne sich dafür zu verurteilen. Indem Sie Ihre Emotionen annehmen, können Sie beginnen, sie zu transformieren und Ihre Lebensenergie neu auszurichten.

Sie können auch Achtsamkeits- oder Meditationsübungen nutzen, um das Bewusstsein für das eigene Denken und Fühlen zu schärfen. Hierbei geht es darum, sich in einer ruhigen Umgebung zu entspannen und den Fokus auf den Atem oder bestimmte Körperempfindungen zu legen. Durch diese Achtsamkeitsübungen können negative Gedanken und Emotionen besser wahrgenommen werden, was dazu beitragen kann, diese loszulassen und die eigene Lebensenergie zu transformieren.

Schnellstart-Anleitung für das Durchführen einer Achtsamkeitsübung

Die Audio-Datei zu dieser Übung finden Sie im Bonusteil

- Finden Sie einen ruhigen Ort, an dem Sie sich wohl fühlen und ungestört sind.
- Sie können sitzen oder liegen, je nachdem, was für Sie angenehmer ist.
- Konzentrieren Sie sich mit geschlossenen Augen auf Ihren Atem. Atmen Sie langsam und tief ein und aus.
- Visualisieren Sie, dass Sie bei jedem Einatmen positive Energie aufnehmen und bei jedem Ausatmen negative Energie loslassen.
- Wenn negative Gedanken oder Emotionen auftauchen, erkennen Sie diese, ohne sie zu bewerten oder zu verurteilen.
- Stellen Sie sich vor, wie Sie diese negativen Gedanken und Emotionen in einer Wolke vor sich sehen. Lassen Sie diese Wolke mit jedem Ausatmen immer weiter davonziehen, bis sie vollständig verschwunden ist.
- Atmen Sie tief ein und aus und bleiben Sie noch einen Moment in der Stille sitzen oder liegen, bevor Sie langsam Ihre Augen öffnen.

Zusätzlich können Sie Affirmationen einsetzen, um das eigene Denken und Fühlen zum Besseren zu beeinflussen. Affirmationen sind positive Selbstbejahungen, die wiederholt ausgesprochen oder aufgeschrieben werden, um das Unterbewusstsein auf eine bestimmte Art und Weise zu programmieren. Durch das regelmäßige Wiederholen von Affirmationen kann das eigene Denken und Fühlen positiv beeinflusst werden, was in vielen Fällen Ihre Schwingung, und somit Ihre Lebensenergie, erhöhen kann.

Beispiele für Affirmationen:

- Ich bin glücklich und erfüllt.
- Ich bin stark und selbstbewusst.
- Ich bin in der Lage, jedes Ziel zu erreichen.
- Ich bin dankbar für all die positiven Erfahrungen und Beziehungen in meinem Leben.

Haben Sie Geduld sich selbst gegenüber. Die Arbeit an der eigenen Lebensenergie ist ein kontinuierlicher Prozess, der Geduld, Zeit und Selbstreflexion erfordert. Doch indem Sie sich bewusst mit sich selbst auseinandersetzen und Ihre innere Welt transformieren, können Sie Ihre Lebensenergie in eine positive Richtung lenken und Ihr volles Potenzial entfalten. Sollten Sie tiefer in die faszinierende Welt der Lebensenergie und ihrer Bedeutung eintauchen wollen, gibt es einige Autoren, die sich vertiefend mit der Thematik beschäftigt haben. Besonders geeignet sind hier die nachfolgenden Werke:

- "Die sieben geistigen Gesetze des Erfolgs" von Deepak Chopra
- "Jetzt! - Die Kraft der Gegenwart" von Eckhart Tolle

Beide Autoren beschäftigen sich damit, wie man durch bewusstes Handeln und Denken die eigene Lebensenergie transformieren und ein erfülltes Leben führen kann. Wenn Sie es lieber etwas greifbarer und weniger mystisch mögen, wird das folgende Kapitel für Sie besonders interessant sein.

Neuroplastizität

Neuroplastizität bezieht sich auf die Fähigkeit des Gehirns, sich selbst zu verändern und anzupassen, indem es neue neuronale Verbindungen bildet oder bestehende Verbindungen modifiziert. Dieser Prozess ermöglicht es dem Gehirn, sich an neue Umgebungen, Erfahrungen oder Herausforderungen anzupassen. Im Grunde bedeutet Neuroplastizität, dass das Gehirn formbar ist und sich auf Veränderungen einstellen kann.

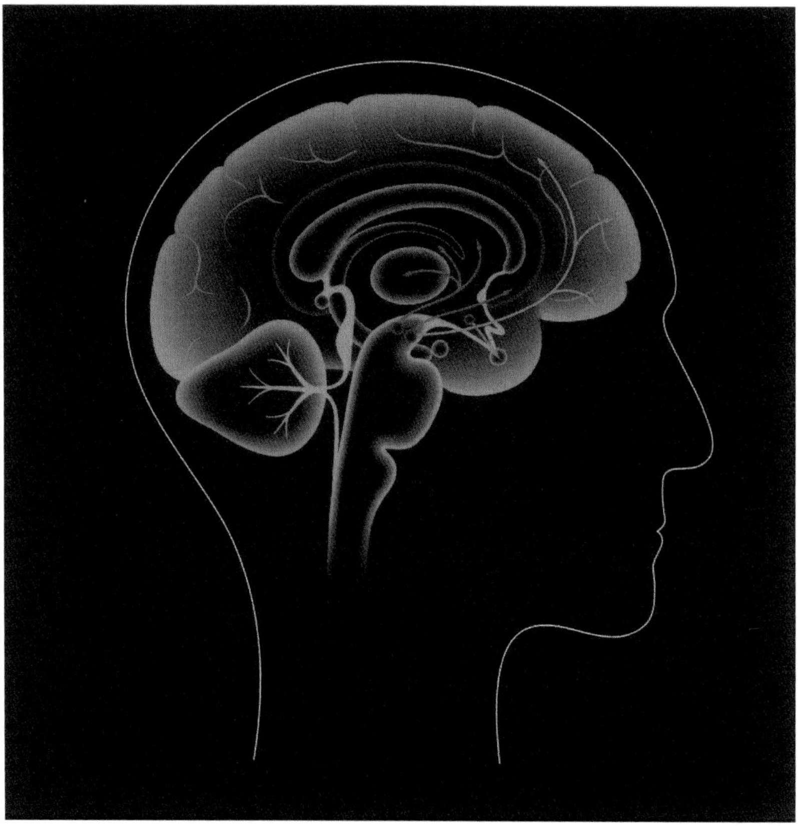

Neuroplastizität wurde in den letzten Jahrzehnten von der modernen Wissenschaft eingehend untersucht. Einige der interessantesten Experimente zur Neuroplastizität haben gezeigt, dass unser Gehirn tatsächlich in der Lage ist, sich physisch zu verändern, je nachdem, wie wir denken, fühlen und handeln. Zum Beispiel wurde in einer Studie gezeigt, dass der Hippocampus, der Teil, der für das Gedächtnis und die räumliche Orientierungsfähigkeit verantwortlich ist, bei Taxifahrern, die sich in London auskennen, größer ist als bei anderen Menschen. Dies liegt daran, dass Taxifahrer ständig ihr räumliches Gedächtnis nutzen, um sich in der Stadt zurechtzufinden, und ihr Gehirn sich an diese Anforderungen anpasst.

Ein weiteres Beispiel für die Neuroplastizität ist das Phänomen des Phantomglieds. Menschen, die ein Glied verloren haben, können oft noch immer das Gefühl haben, dass es noch da ist. Dies liegt daran, dass das Gehirn in der Lage ist, sich neu zu organisieren, um das Fehlen des Glieds auszugleichen und es in das Körperbild zu integrieren.

Neuroplastizität ist im Rahmen dieses Buches auch von großer Bedeutung für die Arbeit an der eigenen Lebensenergie. Durch die bewusste Auseinandersetzung mit vergangenen und gegenwärtigen Erfahrungen und Emotionen können neue neuronale Verbindungen im Gehirn gebildet werden, die zur Transformation der eigenen Lebensenergie beitragen. Dies bedeutet, dass es möglich ist, negative Gedanken und Emotionen loszulassen und positive Veränderungen in der eigenen Persönlichkeit und Lebenssituation zu bewirken.

Es gibt viele Techniken und Methoden, die darauf abzielen, die Neuroplastizität zu nutzen, um die eigene Lebensenergie zu transformieren. Einige, wie Meditation, Achtsamkeit und Affirmationen, haben wir bereits kennengelernt. Eine weitere ist die kognitive Umstrukturierung.
Die kognitive Umstrukturierung basiert auf der Annahme, dass unsere Gedanken und Überzeugungen unsere Emotionen und unser Verhalten beeinflussen. Negative Gedanken und Überzeugungen können zu Angst, Stress, Frustration oder anderen negativen Emotionen führen, die sich auf unsere Lebensenergie auswirken können. Indem man diese negativen Denkmuster erkennt und durch positive ersetzt, können positive Veränderungen bewirkt werden.

Beispiele für die kognitive Umstrukturierung

- Ein Beispiel für die kognitive Umstrukturierung ist die Methode des "Umformulierens". Hierbei geht es darum, negative Gedanken oder Überzeugungen bewusst zu erkennen und diese in positive Gedanken oder Überzeugungen umzuformulieren. Ein Beispiel hierfür wäre, statt zu denken "Ich bin nicht gut genug", den Gedanken umzuformulieren in "Ich habe viele Stärken und Fähigkeiten, die ich nutzen kann".
- Eine weitere Methode ist die "Gedankenstopptechnik". Hierbei geht es darum, negative Gedanken bewusst zu unterbrechen, indem man innerlich "Stopp" sagt. Anschließend kann man den negativen Gedanken durch positive Gedanken ersetzen.

Die kognitive Umstrukturierung lässt sich auch wunderbar mit den bereits genannten Praktiken wie Meditation kombinieren, um positive Veränderungen in der eigenen Persönlichkeit und Lebenssituation zu bewirken.

Unsere eigene Lebensenergie geht über die individuelle Existenz hinaus und zeigt den Zusammenhang mit vergangenen Inkarnationen und Karma. Unsere Handlungen und Entscheidungen haben nicht nur Auswirkungen auf uns selbst, sondern auch auf andere, nicht nur in diesem Leben, sondern auch in zukünftigen Inkarnationen. Durch die Arbeit an der eigenen Lebensenergie und die bewusste Auseinandersetzung mit vergangenen Erfahrungen und Emotionen können wir nicht nur unser gegenwärtiges Leben verbessern, sondern auch zur Heilung von Karma beitragen und so unser eigenes Schicksal in kommenden Inkarnationen beeinflussen.

Die eigene Lebensenergie ist ein zentraler Aspekt des menschlichen Seins, der nicht nur unsere Persönlichkeit und unser Wohlbefinden prägt, sondern auch unsere Beziehungen, unseren Erfolg im Beruf und unsere körperliche Gesundheit beeinflusst. Sich bewusst mit der eigenen Lebensenergie auseinanderzusetzen, kann daher einen großen positiven Einfluss auf unser Leben haben. Indem wir uns unsere eigenen Emotionen und Gedanken bewusst machen und lernen, negative Muster loszulassen, können wir unsere Lebensenergie in eine höhere Schwingung versetzen und so zu einem erfüllten und glücklichen Leben gelangen. Dabei spielt auch die Neuroplastizität des Gehirns eine wichtige Rolle, da wir durch bewusstes Handeln und Denken in der Lage sind, neue neuronale Verbindungen zu bilden und uns selbst neu zu organisieren. Es ist also von großer Bedeutung, sich mit der eigenen Lebensenergie auseinanderzusetzen und bewusst an deren Transformation zu arbeiten, um nicht nur unser eigenes Leben, sondern auch das Leben anderer auf eine neue Ebene zu bringen.

VOM LEBEN UND WIEDERGEBORENWERDEN

Das Leben ist ein endloser Zyklus von Geburt und Tod. Selbst wenn wir uns unser Leben als nur eine Momentaufnahme unserer Existenz vorstellen, ist es unvermeidlich, dass wir uns auf die Frage konzentrieren, was danach kommt. Was geschieht nach dem Tod? Ist das alles oder gibt es etwas, das wir nicht sehen oder verstehen können? Es gibt viele verschiedene Glaubenssysteme, die sich mit dieser Frage befassen, aber die Idee der Wiedergeburt oder Reinkarnation ist eine, die seit Jahrtausenden in vielen Kulturen und Religionen, wie dem Hinduismus und dem Buddhismus, zu finden ist. Diese Vorstellung besagt, dass unsere Seele nach dem Tod in einem neuen Körper wiedergeboren wird, um eine weitere Lebensspanne zu durchleben. Doch was bedeutet das für uns?

Wie beeinflusst es unser gegenwärtiges Leben und wie können wir uns darauf vorbereiten? In diesem Kapitel werden wir uns näher mit den Konzepten der Reinkarnation und der Seelenreise auseinandersetzen und erforschen, was sie für uns bedeuten können.

Reinkarnation

Reinkarnation ist die Vorstellung, dass das Bewusstsein nach dem Tod in einen neuen Körper eintritt. Die Konzepte von Tod und Wiedergeburt variieren je nach Kultur und Glaubenssystem, aber im Allgemeinen geht es darum, dass unser Tod nicht das Ende des Lebens, sondern nur einen Übergang zu einer neuen Existenzform darstellt

Da das Bewusstsein demnach unabhängig vom Körper existiert, lässt sich somit annehmen, dass das Leben nicht nur eine einmalige Gelegenheit ist. Vielmehr ist es so, dass wir viele Leben leben. Ein großer Verfechter der Theorie, dass Bewusstsein und Körper getrennt voneinander existieren, ist Dr. Joe Dispenza.

Steckbrief:

Dr. Joe Dispenza

Dr. Joe Dispenza ist ein international bekannter Autor, Neurowissenschaftler und Vortragsredner. Er wurde 1962 in New York geboren und studierte Biochemie an der Rutgers University in New Brunswick, New Jersey. Nach dem Abschluss seines Studiums absolvierte er eine Ausbildung zum Chiropraktiker und arbeitete in diesem Berufszweig, bevor er seine Karriere als Neurowissenschaftler einschlug.

Dr. Dispenza ist besonders bekannt für seine Arbeit im Bereich der Neuroplastizität, der Epigenetik und der Quantenphysik. Er erforscht die Zusammenhänge zwischen dem menschlichen Bewusstsein, dem Gehirn und dem Körper und hat in diesem Zusammenhang zahlreiche bahnbrechende Erkenntnisse gewonnen.

Er hält regelmäßig Vorträge und Workshops in verschiedenen Ländern und ist ein gefragter Experte in den Bereichen Neurowissenschaften und Bewusstsein. Sein Ziel ist es, Menschen dabei zu helfen, ihre körperliche und geistige Gesundheit zu verbessern, indem sie ihr Bewusstsein erweitern und ihre Gedanken und Emotionen positiv beeinflussen.

Dispenza argumentiert, dass unser Bewusstsein auf einer subatomaren Ebene mit der physischen Welt interagiert. Wenn wir unser Bewusstsein auf eine bestimmte Absicht oder einen bestimmten Gedanken konzentrieren, können wir unsere eigene Realität formen und beeinflussen. Dispenza geht davon aus, dass unsere Gedanken und Emotionen Einfluss auf unsere Gene (Epigenetik) und unser Nervensystem haben und somit unsere Gesundheit und unser Wohlbefinden massiv beeinflussen können.

Er betont in diesem Zusammenhang auch, dass unser Bewusstsein nicht an den physischen Körper gebunden ist und dass wir in der Lage sind, unser Bewusstsein zu erweitern und höhere Bewusstseinszustände zu erreichen. Durch Meditation und andere Techniken können wir uns mit dem universellen Bewusstsein, also auch der Akasha Chronik, verbinden und ein tieferes Verständnis für die Zusammenhänge zwischen unserem Bewusstsein und der physischen Welt gewinnen.

Dispenzas Ansatz zeigt, dass unser Bewusstsein unabhängig von unserem Körper weiterexistieren kann und dass wir durch unsere Gedanken und Emotionen unsere Realität formen können. Seine Arbeit zeigt, dass wir in der Lage sind, unser Bewusstsein zu erweitern und tiefere Einsichten in die Zusammenhänge zwischen Körper, Geist und Seele zu gewinnen.

Exkurs:

Epigenetik

Jede Person hat Gene, die ihre körperlichen Merkmale und ihre Persönlichkeit beeinflussen. Die Epigenetik beschäftigt sich damit, wie die Umwelt diese Gene beeinflussen kann.

Die Gene sind wie ein "Baukasten" für den Körper. Sie bestimmen, wie der Körper aussieht und wie er funktioniert. Aber nicht alle Gene sind immer "an" oder "aus" – manchmal können sie aktiviert und deaktiviert werden. Dies nennt man "Genexpression". Die Umwelt kann auf diese Genexpression einwirken und sie verändern. So können Ernährung, Bewegung, Stress oder Toxine Einfluss darauf haben, welche Gene an- oder ausgeschaltet werden.

Beispiel:
Studien haben gezeigt, dass Ratten, die von ihren Müttern wenig geleckt und gepflegt wurden, im Erwachsenenalter aufgrund von Veränderungen in ihrer DNA weniger Rezeptoren für Stresshormone hatten. Dies führte dazu, dass sie in stressigen Situationen schlechter reagierten als Ratten, die von ihren Müttern mehr umsorgt wurden. Diese Unterschiede waren auf Veränderungen in der Genexpression zurückzuführen, die durch Umweltfaktoren wie mütterliche Pflegebedingungen verursacht wurden.

Die Epigenetik zeigt also, dass die Umwelt einen großen Einfluss darauf hat, wie unsere Gene arbeiten. Aber das ist noch nicht alles.

Dr. Dispenzas Arbeit zeigt, dass nicht nur die Umwelt Einfluss auf unsere Gene ausübt, sondern auch unsere Gedanken und Emotionen. So können wir mit der "Arbeit" an unserem Innenleben dazu beitragen, gesünder, glücklicher und energiegeladener zu sein.

Doch warum reinkarnieren wir überhaupt? Der Zweck der Reinkarnation scheint darin zu bestehen, immer mehr Erfahrungen zu machen, damit wir spirituell wachsen können. Die Erfahrungen, die wir in einem Leben machen, beeinflussen unsere Seele, unser zukünftiges Leben und unsere künftige Existenz. Indem wir uns in jedem Leben weiterentwickeln und lernen, können wir unsere Seele stärken und reifen lassen.

Andere gehen davon aus, dass es im Grunde nur eine einzige Quelle von Bewusstsein gibt, die alle Dinge und Wesen in der Welt umfasst.

Nach dieser Auffassung existiert alles, was wir in der Welt sehen, fühlen und erleben, als Ausdruck dieser einen Quelle von Bewusstsein. Wir erfahren uns selbst, lernen und wachsen. Auf diese Weise hilft jeder von uns, dieser einen Quelle von Bewusstsein näherzukommen und sie besser zu verstehen.

Infolgedessen besteht der Zweck unseres Lebens darin, uns mit dieser einen Quelle von Bewusstsein zu verbinden. Wir sind als Individuen nicht getrennt von dieser einen Quelle, sondern vielmehr ein Teil von ihr und indem wir uns selbst erfahren und mit dieser einen Quelle von Bewusstsein in Austausch treten, helfen wir, das Universum in seiner ganzen Vielfalt und Schönheit zu erfahren.

Dieses Konzept kann als tröstlich empfunden werden, da es besagt, dass wir nicht allein und getrennt sind, sondern dass wir alle Teil von etwas Größerem sind. Es kann auch als Motivation dienen, unser Leben bewusster und erfüllter zu gestalten, indem wir uns auf die Verbindung mit dieser einen Quelle von Bewusstsein konzentrieren.

Nahtoderfahrungen

Viele Menschen glauben, dass es nach dem Tod mehr gibt als nur die körperliche Endlichkeit. Es gibt viele Berichte von Nahtoderfahrungen, bei denen Menschen in der Nähe des Todes eine außerkörperliche Erfahrung machen und sich in einer anderen Dimension oder einem anderen Reich befinden. Diese Erfahrungen können sehr unterschiedlich sein, aber viele Menschen berichten von Gefühlen der Liebe, des Friedens und der Verbundenheit mit allem, was existiert. Eine der bekanntesten Nahtoderfahrungen ist die des Neurochirurgen Dr. Eben Alexander, die er in seinem Buch "Blick in die Ewigkeit: Die faszinierende Nahtoderfahrung eines Neurochirurgen" für die Nachwelt festgehalten hat.

Ein Neurochirurg im Jenseits

In seiner Nahtoderfahrung berichtet Dr. Eben Alexander von einer intensiven, transzendentalen Erfahrung, die jenseits seiner bisherigen Vorstellungskraft lag. Er beschreibt, wie er in eine andere Welt oder Ebene transportiert wurde, die voller Licht und Liebe war. Dort begegnete er einem wunderschönen, goldenen Wesen, das er als Gott bezeichnet und das ihn mit bedingungsloser Liebe umgab. Während dieser Erfahrung spürte er, wie er sich von seiner irdischen Hülle befreite und erkannte, dass seine Seele unsterblich war. Er hatte das Gefühl, dass er mehrere Jahre in dieser Welt verbrachte, obwohl in der physischen Welt nur wenige Minuten vergangen waren. In dieser Zeit erlebte er eine Vielzahl von Farben und Klängen, die er zuvor noch nie wahrgenommen hatte.

Nach seiner Rückkehr in die physische Welt beschreibt Dr. Alexander seine Erfahrung als eine Transformation seines Denkens und seiner Einstellung zum Leben. Er glaubt, dass seine Nahtoderfahrung ein Beweis für das Leben nach dem Tod ist und dass es mehr im Universum gibt, als wir sehen oder verstehen können.

Eines der bekanntesten und einflussreichsten Bücher über Nahtoderfahrungen im Allgemeinen ist "Das Leben nach dem Tod" von Raymond Moody.

Es wurde erstmals 1975 veröffentlicht und hat einen großen Beitrag dazu geleistet, das Interesse an Nahtoderfahrungen und dem Leben nach dem Tod zu wecken. Moody beschreibt darin viele Fälle von Menschen, die bereits für klinisch tot erklärt waren und dann wiederbelebt wurden und die er interviewt hat, um ihre Erfahrungen zu dokumentieren.

Nach Moody gibt es bestimmte Merkmale, die bei vielen Menschen auftreten, die eine Nahtoderfahrung erlebt haben. Eine typische Nahtoderfahrung kann eine Kombination der folgenden Merkmale aufweisen:

- Das Gefühl, den eigenen Körper zu verlassen oder von ihm getrennt zu sein
- Das Durchqueren eines Tunnels oder das Durchbrechen einer Grenze
- Das Erleben von Licht oder einer "Lichtgestalt"
- Das Erleben von Glück, Freude oder Frieden
- Das Erleben eines Lebensrückblicks oder einer "Lebensschau"
- Das Erleben von Begegnungen mit Verstorbenen oder spirituellen Wesen
- Das Gefühl, in eine andere Welt oder Dimension zu gelangen

Moody betont, dass die Erfahrung für jede Person einzigartig sein kann und nicht jeder alle diese Merkmale erlebt. Allerdings haben viele Menschen, die eine Nahtoderfahrung erlebt haben, ähnliche Elemente in ihren Berichten beschrieben.

Das Buch hat dazu beigetragen, dass Nahtoderfahrungen als ein wichtiges Forschungsgebiet anerkannt wurden, und hat viele weitere Forschungen auf diesem Gebiet angeregt. Es hat auch dazu beigetragen, das Bewusstsein für das Fortbestehen nach dem Tod und die Möglichkeit einer höheren Existenzform zu erhöhen.

Seelenwanderung

Zur Erinnerung:
Die Seelenwanderung besagt, dass Ihre Seele nach dem Tod in einen neuen Körper wiedergeboren wird, um eine weitere Lektion zu lernen oder eine neue Erfahrung zu machen. Diese Vorstellung trägt dazu bei, den Tod als Teil eines größeren kosmischen Plans zu betrachten, das Verständnis von Karma zu vertiefen und sich mehr auf Ihr spirituelles Wachstum zu konzentrieren. Obwohl es keine direkten wissenschaftlichen Beweise für die Existenz der Seelenwanderung gibt, kann sie Ihr Leben mit mehr Sinn und Bedeutung füllen.

Wenn Sie das Prinzip der Seelenwanderung auf Ihr Leben anwenden möchten, kann es hilfreich sein, sich bewusst mit vergangenen Erfahrungen und Handlungen auseinanderzusetzen, indem Sie sich, beispielsweise durch eine Lebensrückführung, auf vergangene Leben konzentrieren. So können Sie möglicherweise Muster erkennen, die in Ihrem gegenwärtigen Leben wiederkehren, und bewusster entscheiden, wie Sie handeln möchten. Indem wir uns mit dem Konzept der Seelenwanderung auseinandersetzen, können wir unser spirituelles Wachstum und unsere Entwicklung fördern, unsere Rolle im Universum besser verstehen und uns auf die Erreichung unseres höheren Selbst konzentrieren. Wir können unser Leben mit mehr Bedeutung und Zweck erfüllen, indem wir uns bewusst für unsere spirituelle Entwicklung öffnen und uns auf unsere Seele und unseren wahren Zweck konzentrieren.

Das Wissen darum, dass unsere Existenz mit dem Tod des physischen Körpers nicht endet, kann uns auch helfen, mit den Herausforderungen des Lebens besser und gelassener umzugehen. Indem wir uns auf den Gedanken konzentrieren, dass wir Teil eines größeren Ganzen sind und dass wir in einem größeren Kontext leben, können wir uns daran erinnern, dass das Leben mehr ist als nur die aktuellen Herausforderungen, mit denen wir konfrontiert sind. Wir können uns darauf konzentrieren, unser Potenzial auszuschöpfen und unsere spirituelle Entwicklung zu fördern, um glücklicher und erfüllter zu leben.Wie dies gelingt, erfahren Sie nachfolgend.

Die Lebensrückführung

Eine Lebensrückführung ist eine Technik, die es ermöglicht, auf vergangene Leben zuzugreifen und dabei persönliche Erfahrungen und Beziehungen zu entdecken. Diese Technik basiert auf der Idee, dass unsere Seele vor der Geburt in diesem Leben bereits existiert hat und in früheren Leben andere Erfahrungen gemacht hat.

Eine Lebensrückführung kann in der Regel in einer Einzelsitzung mit einem erfahrenen Therapeuten durchgeführt werden. In der Sitzung wird der Klient in einen entspannten Zustand versetzt, um die Wahrnehmung zu öffnen und den Zugang zu vergangenen Leben zu erleichtern. Durch gezielte Fragen und Anweisungen wird der Klient dann gebeten, sich an vergangene Leben zu erinnern und diese Erfahrungen zu erkunden.

Während einer Lebensrückführung können verschiedene Aspekte des vergangenen Lebens erkundet werden, wie z. B. Beziehungen, Beruf, Familie, Wohnort, Gesundheit und Tod. Der Therapeut wird den Klienten dabei unterstützen, die Erfahrungen zu verarbeiten und sie in den Kontext des gegenwärtigen Lebens zu setzen. Auf diese Weise kann die Lebensrückführung dazu beitragen, ein tieferes Verständnis für bestimmte Muster und Verhaltensweisen zu entwickeln, und somit zur Transformation der eigenen Lebensenergie beitragen.

Eine Lebensrückführung kann auch dazu beitragen, bestimmte Blockaden und Ängste zu lösen, die möglicherweise auf vergangene Leben zurückzuführen sind. Indem der Klient sich bewusst wird, wie bestimmte Erfahrungen aus vergangenen Leben im gegenwärtigen Leben Auswirkungen haben können, können neue Wege gefunden werden, um diese Blockaden zu überwinden.

Beachten Sie jedoch, dass eine Lebensrückführung keine wissenschaftliche Methode ist und keine Garantie dafür bietet, dass man sich tatsächlich an vergangene Leben erinnert. Einige Menschen berichten von sehr detaillierten Erinnerungen, während andere nur vage Bilder oder Empfindungen wahrnehmen. Eine Lebensrückführung kann jedoch ein nützliches Werkzeug sein, um ein tieferes Verständnis für sich selbst und sein Leben zu gewinnen.

Die Vorstellung der Seelenwanderung ist eine Idee, die unser Verständnis von unserem Platz in der Welt erweitern kann. Sie zeigt uns, dass wir Teil eines größeren kosmischen Ganzen sind und dass unser Leben einen tiefen Sinn und Zweck hat.

Die Ebenen der Entwicklung

In diesem Kapitel werden Sie mehr über die Ebenen der Entwicklung erfahren, die in der Akasha Chronik beschrieben werden. Die drei Ebenen sind:

- die Erdebene (physische Ebene)
- die Astralebene
- die Himmelsebene

Sie stellen verschiedene Aspekte des menschlichen Seins dar und müssen auf dem Weg zur spirituellen Erleuchtung durchlaufen werden. Die Akasha Chronik bietet eine detaillierte und tiefgründige Beschreibung dieser Ebenen, die Ihnen helfen kann, Ihr Verständnis von sich selbst und Ihrer Rolle im Universum zu vertiefen. Wir werden uns in diesem Kapitel eingehend mit jeder Entwicklungsstufe auseinandersetzen und untersuchen, wie sie miteinander verbunden sind und wie sie Sie auf Ihrem Weg der spirituellen Entwicklung unterstützen können. Lassen Sie uns also gemeinsam eintauchen in die Welt der drei Ebenen der Entwicklung und Ihr Verständnis erweitern und vertiefen.

DREI EBENEN

Dass wir auf verschiedenen Ebenen der Existenz wachsen und uns entwickeln, ist eine wichtige Erkenntnis auf unserem spirituellen Weg. In der Akasha Chronik gibt es drei Entwicklungsstufen, die Erdebene, die Astralebene und die Himmelsebene. Jede Ebene ist wichtig für unsere spirituelle Entwicklung und jeder von uns muss sie durchlaufen, um vollständig zu erwachen.

Auf der **Erdebene** lernen wir, uns in dieser Welt zurechtzufinden. Wir lernen, unsere Emotionen und Gedanken zu kontrollieren, um uns selbst zu beherrschen. Wir lernen, unser Ego loszulassen und in Harmonie mit der Welt um uns herum zu leben. Wir lernen auch, wie wir unsere Handlungen und Gedanken in Einklang mit unserem höheren Selbst bringen können.

Ein Beispiel:
Ein Beispiel für diesen Lernprozess auf der Erdebene könnte sein, wenn eine Person lernt, ihre Wut und Frustration zu kontrollieren und stattdessen ihre Gedanken und Emotionen zu beruhigen, um sich selbst besser zu beherrschen und in aufwühlenden Umständen einen klaren Kopf zu bewahren. Durch diese Erfahrung lernt die Person, ihr Ego loszulassen und in Harmonie mit anderen zu leben, anstatt in Konflikte zu geraten oder ihre Umgebung zu belasten. Die Person entwickelt auch ein tieferes Verständnis dafür, wie ihre Handlungen und Gedanken ihre Beziehungen und ihre Umgebung beeinflussen, und lernt, bewusster zu sein und in Einklang mit ihrem höheren Selbst zu leben.

In der **Astralebene** tauchen wir tiefer in unser Bewusstsein ein und lernen, unsere spirituelle Natur zu erkennen. Wir entwickeln ein tieferes Verständnis für das Universum und für unsere Rolle darin. Wir lernen auch, unsere Wahrnehmung zu erweitern und unsere Intuition zu stärken.

> **Ein Beispiel:**
> Die Verwendung von Meditations- oder Visualisierungstechniken, bei denen man sich vorstellt, dass man von Licht umgeben ist oder dass man in das Licht hineingeht.

Auf der **Himmelsebene** erfahren wir die Einheit mit allem, was ist. Wir erleben tiefes Mitgefühl und Liebe für alle Wesen und für das Universum als Ganzes. Wir erkennen, dass alles miteinander verbunden ist und dass wir Teil eines größeren Plans sind.

> **Ein Beispiel:**
> Sehr schwierig zu erreichen, da dies eine vollständige Loslösung von allen weltlichen Verhaftungen und eine vollständige Hingabe an die spirituelle Praxis (siehe Beispiel 2) erfordert. Es geht darum, die höchste Wahrheit zu erkennen und sich vollständig mit ihr zu identifizieren, um vollständige spirituelle Freiheit zu erlangen.

Die drei Entwicklungsstufen sind miteinander verbunden und ergänzen sich. Wenn wir eine Ebene durchlaufen haben, können wir uns auf die nächste vorbereiten und uns weiterentwickeln. Machen Sie sich klar, dass wir uns nicht nur auf einer Ebene befinden, sondern dass wir ständig zwischen den Ebenen wechseln. Wenn wir uns bewusst auf unser Wachstum konzentrieren und uns darauf einlassen, können wir die Ebenen schneller durchlaufen.

Das Durchlaufen der drei Ebenen der Entwicklung ist nicht nur wichtig für unsere spirituelle Entwicklung, sondern auch für unser physisches, emotionales und geistiges Wohlergehen.

Wenn wir uns auf unsere spirituelle Weiterentwicklung fokussieren, lernen wir, uns selbst besser zu verstehen und uns mit unserem wahren Selbst in Einklang zu bringen. Wir können unsere Emotionen besser kontrollieren und stressige Situationen besser bewältigen.

Jede Ebene hat ihre eigenen Herausforderungen und Lektionen, die gemeistert werden müssen, um auf die nächste Ebene zu gelangen:

- Auf der Erdebene lernen wir, unsere Egoismen zu überwinden und ein Leben voller Liebe und Mitgefühl zu führen.
- Auf der Astralebene ist es unsere Aufgabe, unsere Gedanken und Gefühle zu beherrschen und in Einklang mit anderen Seelen zu leben.
- Auf der Himmelsebene müssen wir schließlich unser Ego völlig überwinden, um in vollständiger Einheit mit dem Göttlichen zu leben.

Die Entwicklungsebenen sind auch mit den Chakren des Körpers verbunden. Auf der Erdebene konzentrieren wir uns auf die Entwicklung des Wurzel-Chakras, das uns mit der physischen Welt verbindet. Auf der Astralebene konzentrieren wir uns auf die Entwicklung des Herz-Chakras, das uns mit Emotionen wie Liebe und Mitgefühl verbindet. Auf der Himmelsebene konzentrieren wir uns schließlich auf die Entwicklung des Kronen-Chakras, das uns mit dem Göttlichen verbindet.

Exkurs:

Die 7 Chakren unseres Körpers

Chakren sind Energiezentren im Körper, die im Yoga und in der esoterischen Tradition des Hinduismus, Buddhismus und Taoismus von Bedeutung sind. Der Begriff "Chakra" stammt aus dem Sanskrit und bedeutet "Rad" oder "Kreis". Es gibt sieben Hauptchakren im Körper, die mit einer symbolischen Farbe verknüpft sind und die an der Wirbelsäule entlanglaufen, beginnend am Steißbein bis zum Scheitel des Kopfes.

Wurzelchakra (Muladhara): Dieses Chakra wird rot dargestellt und befindet sich am Steißbein. Es steht für Stabilität, Sicherheit und Überleben.

Sakralchakra (Svadhisthana): Dieses Chakra wird orange dargestellt und befindet sich im unteren Bauchbereich. Es steht für Kreativität, Sexualität und Emotionen.

Solarplexuschakra (Manipura): Dieses Chakra wird gelb dargestellt und befindet sich im Bauchbereich. Es steht für Willenskraft, Selbstbewusstsein und Persönlichkeit.

Herzchakra (Anahata): Dieses Chakra wird grün dargestellt und findet sich auf Höhe des Herzens. Es steht für Liebe, Mitgefühl und Beziehungen.

Halschakra (Vishuddha): Dieses Chakra wird blau dargestellt und befindet sich im Halsbereich. Es steht für Kommunikation, Ausdruck und Wahrheit.

Stirnchakra (Ajna): Dieses Chakra wird indigofarben dargestellt und befindet sich zwischen den Augenbrauen. Es steht für Intuition, Vorstellungskraft und Weisheit.

Kronenchakra (Sahasrara): Dieses Chakra wird violett dargestellt und befindet sich am oberen Ende des Kopfes. Es steht für Spiritualität, Erleuchtung und höheres Bewusstsein.

Chakren haben ihre eigene Farbe, Bedeutung und Funktion. Sie sind mit verschiedenen Körperbereichen und Organen verbunden und beeinflussen unser körperliches, emotionales, mentales und spirituelles Wohlbefinden. Jedes Chakra hat auch eine bestimmte spirituelle Bedeutung und wird mit bestimmten Elementen, Tieren, Edelsteinen und anderen Symbolen assoziiert.

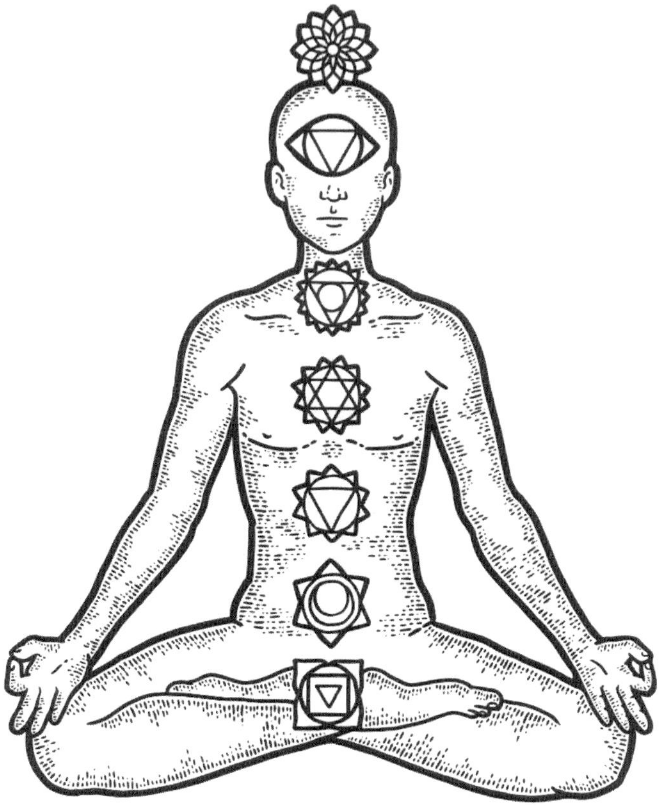

Wenn die Chakren ausgeglichen und geöffnet sind, fließt die Energie frei durch den Körper und wir fühlen uns gesund und voller Kraft. Wenn sie blockiert oder überaktiv sind, kann dies zu körperlichen, emotionalen oder geistigen Problemen führen. Es gibt verschiedene Techniken wie Yoga, Meditation, Atemübungen und Heilsteine, die dazu beitragen können, die Chakren zu öffnen und auszugleichen, um das körperliche und emotionale Wohlbefinden zu verbessern.

Die Entwicklungsebenen sind auch eng mit unserem Karma verbunden. Wie Sie bereits gelernt haben, bedeutet Karma, dass jede Handlung, die wir in diesem Leben ausführen, Konsequenzen hat, die sich auf unser gegenwärtiges und zukünftiges Leben auswirken können. Karma ist wie eine Art Energie, die durch unsere Taten und Gedanken aufgebaut wird und die uns auf unserer Reise durch die verschiedenen Entwicklungsstufen begleitet:

- Auf der **Erdebene** lernen wir durch Erfahrungen und Herausforderungen, die uns helfen, Karma aufzubauen und uns auf die nächste Stufe der Entwicklung vorzubereiten.
- Auf der **Astralebene** beginnen wir, Karma zu transzendieren und uns auf das Erreichen höherer spiritueller Ziele zu konzentrieren.
- Auf der **Himmelsebene** erreichen wir schließlich die höchste spirituelle Ebene, auf der Karma keine Rolle mehr spielt und wir uns ganz auf unsere spirituelle Verwirklichung konzentrieren können.

Unsere Handlungen und Entscheidungen auf jeder Ebene beeinflussen unsere Zukunft und unser Schicksal in den höheren Ebenen. Durch die Überwindung von Karma und die Entwicklung von Mitgefühl und Liebe können wir uns auf die höheren Ebenen vorbereiten und schließlich den Zustand der Erleuchtung erreichen.

Bevor wir uns jedoch eingehender mit den einzelnen Ebenen befassen, ist es wichtig, uns zunächst mit dem Konzept der *Koshas* auseinanderzusetzen. Worum es sich hierbei handelt, erfahren Sie nachfolgend.

DIE FÜNF KOSHAS

Ein wichtiger Aspekt der menschlichen Natur sind die fünf Koshas, auch bekannt als Hüllen oder Schichten. Sie bilden eine wichtige Grundlage für das Verständnis der menschlichen Natur und sind ein integraler Bestandteil der spirituellen Praxis. Durch die Auseinandersetzung mit den verschiedenen Ebenen unseres Seins, die von den Koshas beschrieben werden, können wir uns bewusst werden, wer wir wirklich sind, und uns auf den Weg machen, unsere wahre Natur zu entdecken. Jedes Kosha beschreibt einen anderen Aspekt unseres Seins und gibt uns Einblick in die verschiedenen Ebenen unseres Bewusstseins. Dieses Verständnis kann uns helfen, uns von den Begrenzungen unseres Körpers und Geistes zu lösen und uns auf eine tiefere, spirituelle Ebene zu begeben.

Annamaya Kosha (körperliche Hülle)
Dieses Kosha bezieht sich auf unseren physischen Körper, der aus den fünf Elementen besteht: Erde, Wasser, Feuer, Luft und Äther. Durch unsere Sinne erfahren wir die Welt um uns herum und unsere körperlichen Empfindungen. Wenn wir uns nur auf diese Ebene konzentrieren, sind wir jedoch noch nicht in der Lage, unser wahres Selbst zu erfahren.

Pranamaya Kosha (Energiehülle)
Dieses Kosha bezieht sich auf unsere Lebensenergie, auch als Prana bekannt. Wir atmen Prana ein und aus und verteilen es durch unseren Körper. Prana ermöglicht es uns, zu leben, zu wachsen und uns zu entwickeln. Wenn wir lernen, unsere Lebensenergie zu regulieren und zu lenken, können wir unser Bewusstsein auf eine höhere Ebene bringen.

Manomaya Kosha (mentale Hülle)
Dieses Kosha bezieht sich auf unseren Geist und unser Denken. Wir haben die Fähigkeit, unsere Gedanken zu kontrollieren und zu beeinflussen, aber oft lassen wir uns von unseren Gedanken beherrschen. Wenn wir

lernen, unseren Geist zu beruhigen und uns auf positive Gedanken zu konzentrieren, können wir unsere mentale Hülle stärken.

Vijnanamaya Kosha (Weisheitshülle)
Dieses Kosha bezieht sich auf unser intuitives Wissen und unser Verständnis des Universums. Wenn wir unser Bewusstsein erweitern und unser intuitives Wissen entwickeln, können wir uns mit unserem höheren Selbst und der kosmischen Intelligenz verbinden.

Anandamaya Kosha (Glückseligkeitshülle)
Dieses Kosha bezieht sich auf unser wahres Selbst und unsere Verbindung mit dem Universum. Wenn wir es schaffen, unser wahres Selbst zu erfahren, fühlen wir uns glücklich, friedvoll und erfüllt.

Die fünf Koshas bilden ein Ganzes und wenn wir lernen, jede einzelne Hülle zu stärken und zu entwickeln, können wir uns auf

Die sieben Auraschichten

unser wahres Selbst ausrichten und uns auf unserem spirituellen Weg voranbringen. Jede Kosha ist miteinander verbunden und um auf eine höhere Ebene zu gelangen, ist es wichtig, dass wir lernen, alle Koshas in Einklang zu bringen. Nur so können wir unser volles spirituelles Potenzial entfalten und auf seelischer Ebene voranschreiten.

DIE ERDEBENE

Die Erdebene ist eine wichtige Ebene der menschlichen Erfahrung, die uns die physische Realität und die Begrenzungen unseres Körpers und unserer Umwelt erleben lässt. Auf dieser Ebene erfahren wir die Welt durch unsere Sinne und versuchen, sie zu verstehen und uns in ihr zurechtzufinden. Sie ist jedoch nicht einfach nur ein Ort der physischen Realität, sondern hat auch eine spirituelle Dimension.

Als erste Ebene der spirituellen Entwicklung entspricht die Erdebene dem *Pranamaya Kosha*, in der die Seele in der Lage ist, alles auf der physischen Ebene zu hören und zu sehen, aber normalerweise nicht gesehen oder gehört werden kann und keinen direkten Einfluss auf die physische Welt hat. Der Zustand auf dieser Ebene dauert normalerweise drei Tage an, nachdem der Körper gestorben ist. Wenn jedoch eine Person starke Verhaftungen hat oder einen plötzlichen Tod erleidet, kann sie länger auf dieser Ebene verweilen und wird dann als Preta bezeichnet, ein erdgebundener Geist. Pretas können sich manchmal physisch bemerkbar machen, wie zum Beispiel durch Poltergeist-Aktivitäten oder Besessenheit durch Medien.

Exkurs:

Pretas

Ein Preta ist ein erdgebundener Geist in der buddhistischen und hinduistischen Mythologie. In der Vorstellung dieser Kulturen bleiben die Seelen von Menschen, die in einem starken Zustand von Verhaftungen, Ängsten und Leidenschaften gestorben sind, für eine Weile auf der Erdebene zurück, anstatt in den Kreislauf der Wiedergeburten überzugehen. Dieser Zustand kann durch den plötzlichen Tod oder unerledigte Angelegenheiten noch verstärkt werden.

Ein Preta ist ein Geist, der sich in einer Art Zwischenzustand zwischen Leben und Tod befindet. Pretas können oft nicht bemerkt werden, sind aber fähig, sich auf subtile Weise bemerkbar zu machen, zum Beispiel durch Geräusche oder unerklärliche Bewegungen. In einigen Fällen können Pretas auch physisch sichtbar werden oder in Träumen erscheinen.

In vielen Traditionen glaubt man, dass Pretas unter bestimmten Bedingungen leiden, zum Beispiel an Hunger oder Durst, aber sie können aufgrund ihres Zustands nicht auf die physische Welt zugreifen, um ihre Bedürfnisse zu stillen. Diese Vorstellung steht im Zusammenhang mit der buddhistischen Lehre von Karma, da der Zustand des Preta als Ergebnis der Handlungen und Entscheidungen des vorherigen Lebens angesehen wird. Es wird angenommen, dass der Preta durch Handlungen von anderen oder durch eigene spirituelle Praktiken befreit werden kann, die die Seele des Preta aus ihrem Zwischenzustand befreien und ihr eine weitere Chance geben, in den Kreislauf der Wiedergeburten einzutreten.

Die Erdebene ist nicht das Ende unserer Reise. Um unser volles spirituelles Potential zu entfalten, müssen wir uns auf weitere Ebenen der Entwicklung begeben und dabei lernen, uns von unseren Verhaftungen an die physische Welt zu lösen und uns auf die höheren Ebenen des Bewusstseins zu konzentrieren. Um dies zu erreichen, müssen wir uns unserer spirituellen Natur bewusst werden und unsere Beziehung zur Welt um uns herum transformieren.

DIE ASTRALEBENE

Die Astralebene entspricht dem *Manomaya Kosha* und ist eine geistige Welt, die aus Gedanken und Emotionen besteht. Hier ist die Seele nicht mehr in der Lage, die physische Welt zu sehen oder zu hören, aber sie kann immer noch mit ihr interagieren und Einfluss darauf nehmen. Auf der Astralebene haben wir Zugang zu unseren tiefsten Wünschen und Ängsten und können sie auf eine Art und Weise erfahren, die in der physischen Welt nicht möglich ist. Wir können unsere Gedanken und Emotionen in die Realität projizieren und uns mit anderen Seelen austauschen, unabhängig von ihrem physischen Standort. Wir sind auch in der Lage, unsere Vergangenheit und unsere früheren Leben zu erkunden und tiefe Einsichten in uns selbst und unsere Rolle im Universum zu gewinnen.

Die Astralebene ist nicht nur eine Welt der Wunder und Möglichkeiten, sondern birgt auch Gefahren und Herausforderungen. Wenn wir uns auf dieser Ebene verlieren oder von unseren Ängsten und Wünschen beherrschen lassen, können wir in eine Welt der Illusionen geraten und uns von unserem Weg abbringen lassen. Es ist wichtig, dass wir lernen, unsere Gedanken und Emotionen zu kontrollieren und uns auf die Entwicklung unserer Seele zu konzentrieren, um sicherzustellen, dass wir auf unserem Weg voranschreiten können.

Diese Ebene ist auch bekannt als Priti Loka, die Ebene der Vorfahren. Auf Priti Loka herrscht eine Atmosphäre der Liebe, der Zuneigung und der Erinnerung. Es ist eine Ebene, die von einem starken Gefühl der Verbundenheit geprägt ist und in der sich die Seele geborgen und umsorgt fühlen kann. Hier können wir uns mit unseren Vorfahren verbinden und von ihrer Weisheit und Erfahrung profitieren.

Die Dauer, die die Seele auf Priti Loka verbringt, hängt von verschiedenen Faktoren ab. Einige Seelen können sich nur für einige Tage oder Wochen auf dieser Ebene aufhalten, während andere Hunderte von Jahren hier verbringen können. Die Zeit auf Priti Loka hat jedoch eine ganz andere Qualität als die Zeit in der physischen Welt, da es sich um eine geistige Welt handelt, in der das Bewusstsein anders funktioniert.

Priti Loka ist nur eine Zwischenstation auf dem Weg der spirituellen Entwicklung. Die Seele muss irgendwann weitergehen und sich auf höhere Ebenen des Bewusstseins konzentrieren, um sich nicht von ihrem spirituellen Weg abbringen zu lassen.

Um auf Priti Loka erfolgreich zu sein und von dieser Ebene aus weiterzugehen, muss die Seele lernen, ihre Beziehungen zu ihren verstorbenen Verwandten und Freunden zu transformieren. Die Seele muss sich von der Vorstellung lösen, dass die Bindungen und Beziehungen, die sie in der physischen Welt hatte, auf Priti Loka unverändert fortbestehen. Stattdessen muss sie lernen, ihre Beziehungen zu anderen Seelen auf einer tieferen, spirituellen Ebene zu verstehen und zu entwickeln.

Es ist von essenzieller Bedeutung, unsere Fähigkeit zur Visualisierung und Konzentration zu schulen, um auf der Astralebene als Ganzes erfolgreich zu agieren. Durch bewusste Kontrolle unserer Gedanken und Emotionen können wir uns auf das Positive und das Licht ausrichten und uns vor den Herausforderungen und Gefahren dieser Ebene schützen. Zusätzlich sollten wir uns auf die anderen Koshas fokussieren und diese in Einklang bringen, um ein höheres Bewusstsein zu erreichen. Auf diese Weise können wir uns auf unsere spirituelle Entwicklung konzentrieren und unsere Reise fortsetzen.

Die Astralebene kann uns auch dabei helfen, uns von negativen Mustern und Erfahrungen aus der Vergangenheit zu heilen. Auf dieser Ebene können wir tiefe Einsichten in unsere seelische Natur gewinnen und uns von belastenden Emotionen und Gedanken befreien. Es ist eine Ebene, auf der wir uns mit unserem inneren Wesen in Verbindung setzen können, um uns selbst besser zu verstehen und uns von emotionalen Blockaden zu befreien. Durch die Fokussierung auf die positive Energie und die Verbindung mit dem höheren Bewusstsein können wir seelische Heilung erfahren, uns von negativen Mustern lösen und lernen, unsere Gedanken und Emotionen bewusst zu steuern, um ein höheres Bewusstsein zu erreichen.

Bevor wir uns im Folgenden tiefer mit der Himmelsebene befassen, ist es wichtig, zwei Begriffe zu erklären: Brahman und Samadhi

Exkurs:

Brahman und Samadhi

- Brahman ist ein zentraler Begriff im Hinduismus und steht für die universelle Seele oder das Absolute. Es wird als das höchste und ultimative Ziel der spirituellen Suche angesehen und der Weg zur Erkenntnis von Brahman wird als Moksha bezeichnet.
- Samadhi ist ein Zustand tiefer Meditation, in dem das individuelle Bewusstsein in einer Vereinigung mit dem universellen Bewusstsein aufgeht. Es ist der höchste Zustand, den ein Mensch erreichen kann, und es wird angenommen, dass er zur Erkenntnis von Brahman führt.
- Sarvikalpa Samadhi bezieht sich auf einen Zustand der tiefen Meditation, in dem das Bewusstsein des Meditierenden zwar in das universelle Bewusstsein eintaucht, aber immer noch eine Ahnung von Dualität und Unterscheidung wahrnimmt. Es wird als ein Zwischenzustand angesehen, in dem der Meditierende noch nicht vollständig in Brahman aufgegangen ist.

Nirvikalpa Samadhi hingegen bezieht sich auf einen Zustand der tiefen Meditation, in dem das individuelle Bewusstsein vollständig im universellen Bewusstsein aufgeht und keine Unterscheidungen oder Dualität mehr wahrnimmt. Es wird als der höchste Zustand der Meditation angesehen und als Weg zur Erkenntnis von Brahman betrachtet.

DIE HIMMELSEBENE

Auf dieser Ebene, die auch als *Vijnamaya Kosha* und *Anandamaya Kosha* bekannt ist, transzendiert die Seele die Erfahrungen der fünf Sinne und die Ebene von Zeit, Raum und Kausalität. Nur große Meister/innen, die schon im physischen Leben Sarvikalpa Samadhi (Überbewusstsein mit Dualität) erreicht haben, erreichen diese Ebene. Wer schon im physischen Leben Nirvikalpa Samadhi (Samadhi ohne Dualität) erreicht hatte, also ein befriedigter Geist war, kommt von hier aus weiter zur vollen Verschmelzung mit Brahman.

Die Himmelsebene bietet uns eine Erfahrung von tiefer Freude und Glückseligkeit, die wir in der physischen Welt nicht finden können. Es ist eine Ebene der vollständigen Liebe und Harmonie, auf der wir uns in vollkommener Einheit mit allem um uns herum fühlen. Auf dieser Ebene finden wir uns in einer Welt der Schönheit und des Friedens wieder, wo das Licht des Göttlichen in allem und jedem strahlt.

Doch auch die Himmelsebene ist nicht das Ende unserer spirituellen Reise. Wenn wir in unserem physischen Leben nicht in der Lage waren, Nirvikalpa Samadhi zu erreichen, müssen wir uns auf weitere Ebenen der spirituellen Entwicklung vorbereiten, die uns auf den Weg zur vollen Verschmelzung mit Brahman führen werden. Wir können uns auch dafür entscheiden, als Engelswesen (Deva) in einer höheren Ebene der Kausalwelt zu inkarnieren und von dort aus weiterzuentwickeln.

Exkurs:

Devas

Devas sind Wesen auf der Himmelsebene, die eine höhere Bewusstseinsebene als Menschen haben. Sie haben einen geringeren Hang zu negativen Gedanken und Emotionen und leben in einer Welt des Lichts, des Friedens und der Harmonie. Ihre Existenz ist jedoch auch begrenzt und sie durchlaufen einen Entwicklungsprozess, um weiterhin höhere Bewusstseinsebenen zu erreichen.

Devas haben eine höhere spirituelle Energie und sind in der Lage, auf der physischen Ebene positiv zu wirken, indem sie ihr Licht und ihre Liebe ausstrahlen. Sie dienen als Hüter und Schützer der kosmischen Ordnung und der Natur. Sie helfen auch bei der Aufrechterhaltung des Gleichgewichts und der Harmonie in der Welt.

Um sich weiterzuentwickeln, müssen auch Devas ihren Weg der spirituellen Entwicklung fortsetzen. Sie können auf höhere Ebenen des Bewusstseins aufsteigen, indem sie ihre spirituelle Energie und ihr Bewusstsein ausdehnen und erweitern. Sie können sich auch in andere Dimensionen oder Planeten weiterentwickeln, um ihre spirituelle Entwicklung fortzusetzen.

Die Entwicklung von Devas bedeutet nicht automatisch, dass sie sich zu vollständigen spirituellen Meistern entwickeln. Sie müssen immer noch an ihrem eigenen Wachstum arbeiten und die Herausforderungen und Lektionen, die das Leben auf jeder Ebene mit sich bringt, bewältigen.

Devas können uns als Vorbilder dienen und uns helfen, unser eigenes spirituelles Wachstum zu fördern. Durch die Betrachtung ihrer Schönheit und Reinheit können wir uns inspirieren lassen, um unsere eigene spirituelle Natur zu entdecken und unser Bewusstsein zu erweitern.

Seelische Heilung spielt auch auf der Himmelsebene eine wichtige Rolle, denn es ist eine Ebene der vollständigen Heilung und Integration aller Aspekte unseres Seins. Auf dieser Ebene können wir alle Erfahrungen unseres Lebens in eine höhere Ordnung bringen und in eine tiefere Verbindung mit der göttlichen Liebe treten. Es ist eine Ebene der Vollkommenheit, auf der unsere Seele vollständig in Einklang mit der Quelle aller Dinge schwingt.

Hier können wir uns von den Begrenzungen unseres physischen Körpers und unserer Umwelt befreien und in den Zustand der Einheit mit allem eintreten.

Wir können uns mit unserem wahren Selbst verbinden und uns von den Illusionen und Verhaftungen der physischen Welt befreien. Wir erhalten tiefe Einsichten und Offenbarungen, die unser Verständnis von uns selbst und der Welt um uns herum transformieren können.

Die Himmelsebene ist ein Zustand höchster Erfüllung und eine Verbindung mit dem Universum auf einer tiefen Ebene. Es ist das Ziel vieler spiritueller Suchender und erfordert ein tiefes Verständnis der Praktiken und Prinzipien des Yoga und der Meditation, um zu Lebzeiten erreicht werden zu können.

Die Akasha Chronik – Ihr kosmisches Gedächtnis!

Der Begriff "Äther" wird in der spirituellen und esoterischen Lehre oft als eine Art subtiler Energie oder feinstofflicher Raum bezeichnet, der das physische Universum durchdringt und mit der spirituellen Welt in Verbindung steht.

Sie gilt somit als eine Art energetische Bibliothek oder universelles Weltgedächtnis, in dem jede Idee, jeder Gedanke, jede Handlung aus allen Zeiten gespeichert sind. Dies beinhaltet Erinnerungen an vergangene Leben und alle zukünftigen Möglichkeiten, die im Universum existieren. Dazu zählen auch die unzähligen Wege, die das Leben einschlagen kann. Während einige Szenarien wahrscheinlicher sind als andere, enthält die Akasha Chronik dennoch alle Möglichkeiten, die im Universum existieren. In dieser Dimension existieren die uns geläufigen Regeln der Zeit nicht – was vor 100 Jahren geschehen ist, ist genauso zugänglich wie das, was gestern passiert ist. Die Dimension der Akasha Chronik beschreibt einen Bewusstseinszustand, an dem jeder Zugang zu seiner eigenen spirituellen Geschichte und zu den tiefsten Geheimnissen seines Wesens hat. Die Informationen, die in der Akasha Chronik gespeichert sind, können uns helfen, unsere Lebensreise besser zu verstehen und unser Leben bewusster zu gestalten.

Exkurs:

Die moderne Physik

Die moderne Physik hat die Existenz von mehreren Dimensionen auf verschiedene Weisen bestätigt. Eine der bekanntesten Theorien ist die String-Theorie, die behauptet, dass subatomare Teilchen nicht punktförmig, sondern aus winzigen Strings (dt.: *Saiten*) bestehen, die in mehr als den drei Raumdimensionen existieren, die wir wahrnehmen können. Die String-Theorie erfordert mindestens 10 Raumdimensionen und 1 Zeitdimension, um mathematisch konsistent zu sein. Eine andere Theorie, die sogenannte M-Theorie, erfordert sogar 11 Raumdimensionen. Auch in der Kosmologie gibt es Hinweise auf die Existenz von mehr als drei Raumdimensionen. Zum Beispiel könnte dunkle Materie, die laut Beobachtungen einen Großteil der Materie im Universum ausmacht, in einer zusätzlichen Raumdimension existieren, die wir nicht wahrnehmen können. Diese Theorien zeigen, dass die Vorstellung von mehr als den drei Raumdimensionen, die wir wahrnehmen, nicht nur möglich, sondern auch mathematisch plausibel ist. Diese Erkenntnisse können uns dabei helfen, das Konzept der Akasha Chronik besser zu verstehen, da sie aufzeigen, dass es mehr als die drei Raumdimensionen geben kann, die wir mit unseren Sinnen wahrnehmen können, und dass es in diesen zusätzlichen Dimensionen auch Informationen geben kann, auf die wir zugreifen können.

Wenn wir uns bewusst sind, was in der Zukunft auf uns zukommen könnte, können wir uns besser darauf vorbereiten und mögliche Hindernisse und Herausforderungen erkennen. Indem wir uns auf die Informationen aus der Akasha Chronik konzentrieren, können wir unsere Intuition und unser esoterisches (also inneres) Wissen fördern und unser Vertrauen in unsere Fähigkeiten und Entscheidungen steigern. Die Zukunft ist jedoch nicht in Stein gemeißelt. Unsere Gedanken, Handlungen und Entscheidungen haben einen direkten Einfluss auf unsere Zukunft. Die Akasha Chronik dient also nicht als Vorhersage-Tool, sondern als eine Art Kompass, der uns auf unserem Weg in die Zukunft führen kann. Es ist wichtig, dass wir unsere Wahrnehmungsfähigkeiten schulen und unser Bewusstsein erweitern, um auf die Informationen in der Akasha Chronik zugreifen zu können. Eine regelmäßige Meditationspraxis kann dabei helfen, unser Bewusstsein zu erweitern und unsere Intuition und unsere Wahrnehmungsfähigkeiten zu stärken.

Schnellstart-Anleitung Meditation

Die Audio-Datei zu dieser Übung finden Sie im Bonusteil

- Schaffen Sie eine ruhige und bequeme Umgebung. Suchen Sie sich einen ruhigen Raum, in dem Sie ungestört sind, und sorgen Sie für eine bequeme Sitzhaltung. Vermeiden Sie Ablenkungen, wie z. B. das Handy.
- Entspannen Sie sich und atmen Sie tief ein und aus. Legen Sie den Fokus sanft auf Ihre Atmung und lassen Sie Ihre Gedanken zum Stillstand kommen.
- Stellen Sie sich eine Tür oder ein Tor vor. Visualisieren Sie eine Tür oder ein Tor, das den Eingang zur Akasha Chronik darstellt. Lassen Sie Ihrer Fantasie dabei freien Lauf. Konzentrieren Sie sich darauf, dass Sie gleich durch diese Tür oder dieses Tor gehen werden.
- Stellen Sie eine Frage. Denken Sie an eine Frage oder ein Problem, das Sie lösen möchten. Formulieren Sie Ihre Frage klar und präzise in Ihrem Geist.
- Durchqueren Sie die Tür oder das Tor. Stellen Sie sich vor, wie Sie durch die Tür oder das Tor gehen, und betreten Sie die Akasha Chronik.
- Empfangen Sie die Antwort. Konzentrieren Sie sich auf die Informationen, die Sie erhalten. Seien Sie offen für Bilder, Gefühle, Worte oder Symbole, die in Ihrem Geist auftauchen.
- Wenn Sie das Gefühl haben, genügend Informationen erhalten zu haben, bedanken Sie sich und kehren Sie zurück durch die Tür oder das Tor. Atmen Sie tief ein und aus und öffnen Sie langsam Ihre Augen.

Doch nicht nur individuelle Lebensgeschichten, sondern auch Informationen über Ereignisse und Phänomene, die auf der ganzen Welt stattgefunden haben, sind in der Akasha Chronik gespeichert. Daher kann die Akasha Chronik uns auch dabei helfen, tiefer in die Geschichte und Entwicklung unserer Gesellschaft und unserer Welt einzutauchen. Ein weiterer interessanter Aspekt ist, dass Gegenstände, die Lebenskraft besitzen, auch eine Akasha-Aufzeichnung haben. Das bedeutet, dass jedes Objekt, das jemals in Berührung mit dem Universum gekommen ist, eine Akasha-Aufzeichnung hat und somit auch Informationen über seine Vergangenheit und seine Energie enthält.

Ihre persönliche Akasha Chronik entdecken

In diesem Kapitel werden Sie lernen, wie Sie auf die Akasha Chronik zugreifen und sie nutzen können, um Ihre Lebensreise besser zu verstehen und Ihre Beziehung zu sich selbst und zur Welt um Sie herum zu vertiefen. Es werden verschiedene Methoden untersucht, um auf die Chronik zuzugreifen, sowie die Bedeutung von Achtsamkeit und Konzentration bei der Arbeit mit dieser Ressource erklärt.

Sie werden auch lernen, wie die Akasha Chronik Ihnen dabei helfen kann, bessere Entscheidungen zu treffen, mögliche Herausforderungen und Hindernisse zu erkennen und sich auf zukünftige Entwicklungen vorzubereiten. Durch das Entdecken Ihrer persönlichen Akasha Chronik werden Sie auf eine tiefgründige Reise gehen, die Ihnen helfen wird, Ihr Bewusstsein zu erweitern und Ihr wahres Potenzial zu entfalten.

Es gibt verschiedene Methoden, um auf die Akasha Chronik zuzugreifen, und jede Methode hat ihre eigene Stärke und ihren eigenen Fokus. Gehen wir nun zur Praxis über.

MEDITATION

Eine Schnellstart-Anleitung zur Meditation haben Sie bereits kennengelernt. Doch was genau ist Meditation eigentlich?

Meditation ist eine Technik, die zur Entspannung, zur Verbesserung der Konzentration und zur Förderung von spirituellem Wachstum eingesetzt wird. Die Wurzeln der Meditation lassen sich bis zu den alten indischen Veden zurückverfolgen, die vor mehr als 5000 Jahren entstanden sind.

Meditation funktioniert, indem Sie Ihren Geist auf einen bestimmten Punkt oder Gegenstand fokussieren, um Ihre Gedanken und Emotionen zu beruhigen und einen Zustand der Entspannung und Klarheit zu erreichen. Dies kann durch verschiedene Techniken erreicht werden, einschließlich der Konzentration auf den Atem, das Wiederholen von Mantras (z. B. Om) oder das Visualisieren von Bildern.

Die Praxis der Meditation hat im Laufe der Geschichte viele verschiedene Formen angenommen und wird heute von Menschen auf der ganzen Welt praktiziert. Während die Techniken und Ziele der Meditation variieren können, gibt es viele gemeinsame Merkmale, einschließlich der Fokussierung auf die Atmung, der Reduzierung von Ablenkungen und der Förderung von Entspannung und Konzentration.

Wenn Sie meditieren, können Sie von vielen positiven Auswirkungen auf Körper und Geist profitieren. Zu den Vorteilen gehören eine verbesserte Konzentration und Klarheit, eine Reduzierung von Stress und Angstzuständen, eine Stärkung des Immunsystems und eine Steigerung des allgemeinen Wohlbefindens. Im Folgenden lernen Sie eine weitere Meditationspraxis kennen, um auf die Akasha Chronik zuzugreifen. Sie heißt "Das Buch des Lichts".

Meditation

Das Buch des Lichts

Die Audio-Datei zu dieser Übung finden Sie im Bonusteil

Suchen Sie sich einen ruhigen und bequemen Ort zum Meditieren. Setzen oder legen Sie sich hin und schließen Sie die Augen. Atmen Sie tief ein und aus und stellen Sie sich dabei vor, wie Sie in eine tiefe Entspannung und innere Ruhe sinken. Visualisieren Sie nun, wie sich ein lichtdurchfluteter Raum ohne Grenzen vor Ihnen öffnet. Diese grenzenlose Weite ist Ihre Verbindung zur Akasha Chronik. Stellen Sie sich vor, dass Sie durch das Licht schreiten und sich umsehen. Beobachten Sie alles, was geschieht, und achten Sie auf Ihre Eindrücke, Gedanken und Gefühle. Stellen Sie sich nun vor, wie vor Ihnen ein Buch erscheint und sich öffnet. Es kann auch eine Schriftrolle sein. Dieses Buch oder diese Schriftrolle enthält alle Informationen, die in der Akasha Chronik gespeichert sind. Blättern Sie durch das Buch und achten Sie auf die Informationen, die Ihnen auffallen oder besonders wichtig erscheinen. Während Sie durch das Buch blättern, können Sie auch auf Fragen antworten, die Sie beschäftigen. Stellen Sie sich vor, dass Sie Ihre Frage dem Buch stellen und daraufhin die Antwort finden. Hören Sie auf Ihre Intuition und lassen Sie die Antworten auf Ihre Fragen auf natürliche Weise zu Ihnen kommen. Wenn Sie bereit sind, aus der Meditation zurückzukehren, schließen Sie das Buch oder die Schriftrolle und kehren Sie langsam in Ihr Bewusstsein zurück. Öffnen Sie Ihre Augen und nehmen Sie sich einen Moment Zeit, um sich zu sammeln und Ihre Erfahrungen zu reflektieren.

TRÄUME

Träume sind ein faszinierendes Phänomen, das uns einen Einblick in unsere tiefsten Sehnsüchte, Wünsche und Ängste geben kann. Aber wussten Sie, dass Träume auch ein Portal zur Akasha Chronik darstellen können? In diesem Kapitel werden wir untersuchen, wie man mit Hilfe von Träumen auf die Akasha Chronik zugreifen und welche Schritte notwendig sind, um diese Form der spirituellen Kommunikation zu vertiefen.

Träume wurden in vielen Kulturen als wichtige Quelle für spirituelle Erkenntnisse betrachtet. In der antiken griechischen Kultur zum Beispiel waren Träume ein wichtiger Weg, um mit den Göttern in Verbindung zu treten und Vorhersagen über die Zukunft zu machen. Im Hinduismus und im Buddhismus spielen Träume ebenfalls eine wichtige Rolle in der spirituellen Praxis und werden als Tor zur Seele betrachtet.

In der afrikanischen Kultur werden Träume als Botschaften der Ahnen betrachtet und als Möglichkeit zur spirituellen Führung angesehen. In der nordamerikanischen Kultur der First Nations spielen Träume eine wichtige Rolle in der Kommunikation mit der Geisterwelt und werden als Weg zur Heilung und zur Entdeckung der eigenen Identität betrachtet.

In der modernen westlichen Welt haben viele Menschen aufgehört, auf ihre Träume zu achten, und sie als irrelevant abgetan. Doch heute erkennen viele Menschen wieder die Bedeutung von Träumen und nutzen sie als Werkzeug für Selbstentwicklung und spirituelles Wachstum. Träume können uns auf subtile Weise Hinweise geben und uns auf unserem Weg in die spirituelle Entwicklung unterstützen.

Die moderne Traumforschung hat unser Verständnis von Träumen erheblich erweitert und unser Wissen darüber vertieft, wie Träume funktionieren und welche Bedeutung sie haben können. Träume werden heute oft als eine Art Verarbeitungswerkzeug unseres Gehirns betrachtet, das uns hilft, Ereignisse und Erfahrungen des Tages zu verarbeiten und zu integrieren.

Dabei können Träume auch unbewusste Wünsche, Ängste und Konflikte aufdecken, die sonst möglicherweise unentdeckt bleiben würden. Durch die Interpretation von Träumen kann man also tiefer in sein eigenes Unterbewusstsein eintauchen und sich besser kennenlernen.

Einige Forschungsstudien haben auch gezeigt, dass Träume eine wichtige Rolle bei der Verarbeitung von Traumata und emotionalen Erlebnissen spielen können. Träume können uns helfen, schwierige Erlebnisse zu verarbeiten, und uns dabei unterstützen, sie besser zu verstehen und letztendlich zu heilen.

In einigen spirituellen Traditionen und Kulturen wird auch davon ausgegangen, dass Träume eine Möglichkeit sind, um auf höhere Bewusstseinsebenen zuzugreifen und spirituelle Erfahrungen zu machen. In der indischen Tradition des Vedanta beispielsweise wird davon ausgegangen, dass der Zustand des Tiefschlafs ein Tor zur höheren Bewusstseinsebene ist, die auch als "reines Bewusstsein" bezeichnet wird (die Himmelsebene). Träume können somit als eine Art Brücke dienen, um auf diese höheren Bewusstseinsebenen zuzugreifen und spirituelle Erfahrungen zu machen.

Träume können eine Brücke zwischen unserem wachen Bewusstsein und unserem Unterbewusstsein darstellen, was uns ermöglicht, auf tiefere Ebenen unseres Wesens zuzugreifen. In Träumen können wir uns mit unseren tieferen Emotionen und Gedanken auseinandersetzen und uns mit der spirituellen Welt verbinden. Es ist möglich, dass Träume uns Informationen aus der Akasha Chronik liefern, die uns helfen, unsere spirituelle Entwicklung voranzutreiben.

Ein **Beispiel aus dem Alltag** für die Bedeutung von Träumen als Brücke zwischen Bewusstsein und Unterbewusstsein könnte sein, dass Sie nachts von einem bestimmten Symbol oder einer bestimmten Person träumen und dieses Symbol oder diese Person Ihnen in den nächsten Tagen immer wieder begegnet oder Sie auf eine neue Perspektive auf Ihr Leben aufmerksam macht. Durch die Interpretation dieser Träume können Sie wertvolle Erkenntnisse gewinnen.

Es gibt verschiedene Wege, um mit Hilfe von Träumen auf die Akasha Chronik zuzugreifen. Sie dürfen mit wachsender Erfahrung hier gerne kreativ werden und Ihre eigenen Methoden kreieren. Als Inspiration und Anleitung für den Anfang können Sie die folgenden Methoden verwenden:

Übung:

Die Nacht der Erkenntnis

Die Audio-Datei zu dieser Übung finden Sie im Bonusteil

Finden Sie einen ruhigen Ort zum Meditieren, bevor Sie ins Bett gehen. Es kann hilfreich sein, eine entspannende Musik oder Geräusche im Hintergrund zu haben, um die Atmosphäre zu unterstützen.

Setzen oder legen Sie sich bequem hin und schließen Sie die Augen. Atmen Sie tief ein und aus, um Spannungen loszulassen und innerlich ruhig zu werden.

Konzentrieren Sie sich auf Ihre Intention, auf Informationen aus der Akasha Chronik zuzugreifen. Visualisieren Sie, wie Sie in Ihren persönlichen Raum der Akasha Chronik eintreten und bereit sind, Informationen zu empfangen.

Wiederholen Sie ein Mantra, das auf Ihre Absicht ausgerichtet ist. Dies kann ein einfaches Mantra wie "Ich öffne mich für die Weisheit der Akasha Chronik" sein.

Lassen Sie Ihre Gedanken und Gefühle kommen und gehen, ohne sich an sie zu binden. Versuchen Sie, Ihren Geist ruhig und gelassen zu halten.

Stellen Sie sich vor, wie Sie Informationen in Ihrem Traum empfangen und versuchen, sich daran zu erinnern, sobald Sie aufwachen.

Wenn Sie bereit sind, gehen Sie ins Bett und behalten Ihre Absicht im Hinterkopf, während Sie schlafen.

Wenn Sie aufwachen, nehmen Sie sich Zeit, um Ihre Träume zu notieren oder sich daran zu erinnern, was Sie geträumt haben. Schreiben Sie auf, was Sie empfangen haben und wie Sie es interpretieren

Es ist wichtig, diese Methode regelmäßig anzuwenden und sich Zeit zu nehmen, um auf Ihre Träume zu achten. Geben Sie sich Zeit und Geduld, um den Prozess zu verfeinern und Ihre Fähigkeit zu verbessern, auf Informationen aus der Akasha Chronik zuzugreifen.

Übung:

Das Traumtagebuch

Legen Sie ein Notizbuch und einen Stift neben Ihr Bett.

Machen Sie sich vor dem Schlafengehen bewusst, dass Sie sich daran erinnern möchten, was Sie in Ihren Träumen erleben werden.

Sobald Sie aufwachen, bleiben Sie noch für einen Moment im Bett liegen und denken an Ihren Traum. Versuchen Sie, sich so viele Details wie möglich zu merken, bevor sie verblassen.

Schreiben Sie Ihren Traum sofort nach dem Aufwachen auf, bevor Sie sich aus dem Bett erheben oder abgelenkt werden. Notieren Sie Datum, Uhrzeit und eine kurze Zusammenfassung des Traums.

Schreiben Sie dann eine ausführlichere Beschreibung des Traums, einschließlich aller Personen, Orte und Ereignisse. Versuchen Sie, sich an so viele Details wie möglich zu erinnern.

Notieren Sie auch Ihre Gedanken und Gefühle im Zusammenhang mit dem Traum. Diese können Ihnen helfen, den Traum später zu interpretieren.

Wiederholen Sie diesen Prozess jeden Morgen und bemühen Sie sich, so viele Details wie möglich aufzuzeichnen. Mit der Zeit werden Sie Ihre Träume besser verstehen und Muster oder Symbole leichter erkennen.

Verwenden Sie Ihr Traumtagebuch, um Ihre Träume zu interpretieren und auf mögliche Hinweise auf die Akasha Chronik zu achten.

Das Führen eines Traumtagebuchs erfordert Geduld und Kontinuität, aber es kann Ihnen helfen, Ihre Träume besser zu verstehen und Ihre Verbindung zu Ihrer inneren Weisheit zu vertiefen

Übung:

Der Mentor auf Abruf

Wählen Sie ein Symbol oder eine Person aus, das bzw. die für Sie mit der Akasha Chronik in Verbindung steht oder das bzw. die Ihnen bei der Kontaktaufnahme mit der Akasha Chronik helfen kann. Das kann alles Mögliche sein: lebende oder bereits verstorbene Personen, Berühmtheiten oder gar fiktive Personen, denen Sie noch nie begegnet sind. Wichtig ist nur, dass es sich für Sie richtig und stimmig anfühlt. Setzen Sie sich in eine bequeme Position und schließen Sie Ihre Augen. Atmen Sie langsam und tief ein und aus, bis Sie innerlich zur Ruhe kommen. Stellen Sie sich das Symbol oder die Person in Ihrer Vorstellung vor. Konzentrieren Sie sich darauf, wie es oder sie aussieht, welche Farben und Formen es oder sie hat und welche Gefühle in Ihnen ausgelöst werden. Visualisieren Sie, wie das Symbol oder die Person Ihnen bei der Kontaktaufnahme mit der Akasha Chronik hilft. Stellen Sie sich vor, wie es oder sie Ihnen den Weg weist oder Ihnen Mut und Vertrauen gibt, um auf die Informationen in der Akasha Chronik zuzugreifen.

Wiederholen Sie diesen Prozess jeden Tag, um Ihre Verbindung zur Akasha Chronik zu vertiefen und um die Unterstützung des Symbols oder der Person zu verstärken.

Mit wachsender Erfahrung wird es Ihnen immer müheloser gelingen, Ihren Mentor "herbeizurufen". Verwenden Sie das Symbol oder die Person dann auch während des Tages, wenn Sie zum Beispiel vor einer schwierigen Entscheidung stehen. Konzentrieren Sie sich auf das Symbol oder die Person und lassen Sie sich von ihm oder ihr leiten.

Diese Visualisierungstechniken können eine wirksame Methode sein, um den Zugang zur Akasha Chronik zu erleichtern und um die Verbindung zu höheren Bewusstseinsebenen zu vertiefen, doch auch hier braucht es Fleiß und Regelmäßigkeit. Träume können eine wertvolle Ressource auf unserem spirituellen Weg sein, um auf die Akasha Chronik zuzugreifen und uns dabei zu unterstützen, unser Bewusstsein zu erweitern. Die Fähigkeit, auf unsere Träume zu achten und sie zu interpretieren, erfordert jedoch Übung, Geduld und Achtsamkeit.

Es geht darum, die Bedeutung von Träumen zu verstehen und bestimmte Techniken wie die oben aufgeführten anzuwenden, um unseren Zugang zur Akasha Chronik zu verbessern und tiefer in unsere eigene spirituelle Reise einzutauchen. Es ist eine wunderbare Möglichkeit, uns mit unserer Seele zu verbinden und Antworten auf Fragen zu finden, die uns beschäftigen.

INTUITION

Intuition ist eine Fähigkeit, die wir alle besitzen, aber oft ignorieren oder unterbewerten. Sie kann uns jedoch helfen, auf die Akasha Chronik zuzugreifen und uns auf unserer spirituellen Reise zu unterstützen. Die Intuition ist eine Art inneres Navigationssystem, das uns dabei hilft, Entscheidungen zu treffen, die unserem höchsten Wohl entsprechen. In diesem Kapitel werden wir uns mit der Bedeutung der Intuition in Bezug auf die Akasha Chronik beschäftigen und lernen, wie wir unsere Intuition stärken und ihr vertrauen können.

Intuition ist ein Gefühl oder eine Wahrnehmung, die ohne bewusstes Nachdenken oder Logik auftritt. Es ist eine Art schneller, unbewusster Prozess, bei dem unser Gehirn eine Fülle von Informationen verarbeitet und uns ein Gefühl oder eine Empfindung gibt, die uns helfen kann, eine Entscheidung zu treffen oder eine Situation zu verstehen.

Obwohl die Intuition oft als "Bauchgefühl" oder "Sechster Sinn" bezeichnet wird, ist sie keine magische Fähigkeit. Stattdessen basiert sie auf unserer Erfahrung, unserem Wissen und unseren Emotionen. Moderne wissenschaftliche Forschungen haben gezeigt, dass unser Gehirn Informationen schneller und effizienter verarbeitet, als wir bewusst wahrnehmen können. So kann unsere Intuition auf Erfahrungen und unbewusstes Wissen zurückgreifen und schnelle Entscheidungen treffen. Studien haben auch gezeigt, dass das Unterbewusstsein unseres Gehirns schneller als unser bewusstes Denken Entscheidungen trifft und dass diese Entscheidungen oft präziser sind als die bewussten.

Dies könnte darauf hindeuten, dass unsere Intuition eine wichtige Rolle in unserem Entscheidungsprozess spielt und dass wir uns auf sie verlassen sollten, um das Beste aus uns herauszuholen.

Zusätzlich hat die moderne Wissenschaft gezeigt, dass Emotionen und der Körper eine wichtige Rolle bei der Entstehung von Intuition spielen. Das Bauchgefühl, das wir oft erleben, ist eigentlich eine körperliche Reaktion auf unsere Emotionen und kann uns dabei helfen, Informationen besser zu verarbeiten und Entscheidungen zu treffen. Insgesamt kann die moderne Wissenschaft dazu beitragen, unser Verständnis der Intuition zu vertiefen und zu zeigen, dass es sich nicht um eine obskure Fähigkeit handelt, sondern um einen natürlichen und effektiven Aspekt unseres Denkens und Handelns.

Die Intuition ist ein wichtiger Bestandteil der Arbeit mit der Akasha Chronik, da sie uns dabei helfen kann, uns auf die Informationen zu konzentrieren, die für uns am relevantesten sind. Durch die Entwicklung unserer Intuition können wir auch unsere Wahrnehmungsfähigkeiten stärken und uns für neue Einsichten und Perspektiven öffnen, wie beispielsweise bei der Übung "Der Mentor auf Abruf" (siehe vorangegangene Kapitel).

Eine weitere Möglichkeit, unsere Intuition bei der Arbeit mit der Akasha Chronik zu nutzen, ist es, uns auf unser Herzchakra und unsere inneren Empfindungen zu konzentrieren. Sie können sich dafür von folgender Übung inspirieren lassen:

Übung:

Die innere Weite

Die Audio-Datei zu dieser Übung finden Sie im Bonusteil

Suchen Sie einen ruhigen und komfortablen Ort, an dem Sie für einige Minuten ungestört sein können. Sitzen oder liegen Sie, und machen Sie es sich bequem. Schließen Sie die Augen. Legen Sie den Fokus sanft auf Ihren Atem und nehmen Sie ein paar tiefe Atemzüge. Stellen Sie sich nun vor, dass sich Ihr Bewusstsein auf Ihr Herzchakra in der Mitte Ihrer Brust konzentriert. Spüren Sie, wie Ihr Herzchakra sich öffnet und ein warmes, angenehmes Gefühl sich langsam in Ihrem ganzen Körper ausbreitet. Es kann auch kühl sein. Oder das Bild einer sich öffnenden Blume. Was immer sich Ihnen offenbaren will, lassen Sie es einfach geschehen. Stellen Sie sich nun eine Frage oder eine Situation vor, zu der Sie eine Antwort suchen. Öffnen Sie sich für Ihre inneren Empfindungen und achten Sie darauf, welche Gefühle und Bilder in Ihrem Geist auftauchen. Warten Sie einfach ab. Kommen Sie nun langsam zurück und öffnen Sie Ihre Augen. Genießen Sie den Moment und schreiben Sie alle Empfindungen und Gedanken in Ihrem Traumtagebuch auf.

Wiederholen Sie diese Übung regelmäßig, um Ihre Intuition zu trainieren und sich mit der Akasha Chronik zu verbinden. Eine Achtsamkeitspraxis, die das Bewusstsein für den gegenwärtigen Moment stärkt, ist ein wichtiger erster Schritt, um den Zugang zur Akasha Chronik zu erleichtern. Es erfordert jedoch auch ein hohes Maß an Konzentration, um auf die Informationen in der Akasha Chronik zugreifen zu können, daher kann es am Anfang schwierig sein, in den Fluss der Informationen zu gelangen, aber mit Übung und Geduld kann jeder lernen, auf diese wertvolle Ressource zuzugreifen und die tiefen Einsichten und Erkenntnisse zu nutzen, die sie uns bieten kann. Nehmen Sie sich Zeit und seien Sie geduldig, wenn Sie versuchen, auf die Akasha Chronik zuzugreifen, da es manchmal eine Weile dauern kann, bis man eine Verbindung herstellen kann.

Seien Sie nicht entmutigt, wenn es am Anfang nicht sofort klappt – es ist ein Prozess, der Zeit und Übung erfordert. Wenn Sie sich jedoch auf diese Reise begeben und sich auf die Arbeit mit der Akasha Chronik einlassen, können Sie Ihr Bewusstsein erweitern und Ihre Beziehung zu sich selbst und zur Welt um Sie herum vertiefen.

DIE AKASHA CHRONIK IM ALLTAG

Wir leben in einer hektischen und schnelllebigen Welt, in der es oft schwierig sein kann, in Kontakt mit unserer inneren Weisheit und dem höheren Bewusstsein zu bleiben. Doch es gibt Möglichkeiten, wie Sie im Alltag Ihre Verbindung zur Akasha Chronik stärken und von Ihrem Wissen und Ihrer Weisheit profitieren können. In diesem Kapitel werden Sie verschiedene Praktiken und Techniken kennenlernen, die Ihnen helfen werden, in Kontakt mit der Akasha Chronik zu treten und Sie auf Ihrer spirituellen Reise zu unterstützen.

Ein wichtiger Aspekt, um in Kontakt mit der Akasha Chronik zu treten, sind Synchronizitäten. Sie werden nicht nur lernen, was Synchronizitäten sind, sondern auch, wie Sie achtsam sein und auf Ihre Intuition hören können, um die Muster und Zusammenhänge in Ihrem Leben zu erkennen, die Ihnen zeigen, dass Sie sich auf dem richtigen Weg befinden. Sie werden auch entdecken, wie Hobbys und kreative Aktivitäten, wie Malen, Schreiben oder Musik, Ihnen helfen können, Ihre Gedanken und Emotionen zu verarbeiten und Ihr Bewusstsein zu erweitern. Durch den Aufenthalt in der Natur können Sie Ihre Sinne schärfen und eine tiefere Verbindung zu Ihrer Umgebung aufbauen, was Ihnen dabei helfen wird, in Kontakt mit Ihrem wahren Selbst und der Akasha Chronik zu treten.

Exkurs:

Synchronizitäten

Synchronizitäten sind ein Konzept, das von dem Schweizer Psychologen Carl Gustav Jung eingeführt wurde, um scheinbar zufällige Ereignisse zu beschreiben, die in einer tiefen Verbindung zueinander stehen. Es handelt sich um ein Konzept, das besagt, dass es eine Verbindung zwischen unseren inneren Erlebnissen und äußeren Ereignissen gibt.

Eine Synchronizität tritt auf, wenn zwei Ereignisse scheinbar ohne erkennbaren Zusammenhang gleichzeitig oder kurz nacheinander auftreten, aber eine Bedeutung oder einen tieferen Zusammenhang haben. Diese Ereignisse können als "bedeutsam" empfunden werden, da sie eine Art von "Aha"-Erlebnis hervorrufen können und uns das Gefühl geben, dass etwas Besonderes oder Bedeutsames passiert.

Synchronizitäten können auf unterschiedliche Arten auftreten, wie beispielsweise durch Träume, durch Begegnungen mit Menschen, ein Lied im Radio oder durch zufällige Ereignisse im Alltag. Diese Ereignisse können oft eine emotionale Reaktion in uns hervorrufen, wie beispielsweise ein Gefühl von Verwunderung oder Staunen.

Synchronizitäten sind nicht einfach Zufälle oder willkürliche Ereignisse. Vielmehr handelt es sich um eine Verbindung zwischen unserem inneren Erleben und der äußeren Welt. Es ist auch wichtig, zu beachten, dass jeder Mensch unterschiedliche Synchronizitäten erlebt und dass sie eine individuelle Bedeutung haben können.

In der Arbeit mit der Akasha Chronik können Synchronizitäten ein wichtiger Hinweis sein, um auf unsere innere Stimme und unsere Intuition zu hören. Sie können uns helfen, auf die richtigen Entscheidungen und Wege in unserem Leben zu achten, und uns dabei unterstützen, unsere spirituelle Reise fortzusetzen.

Um Synchronizitäten zu erkennen, ist es wichtig, achtsam und offen zu sein. Synchronizitäten können sich auf unterschiedliche Weise zeigen, wie z. B. in Form von wiederkehrenden Zahlen, Wörtern oder Symbolen oder Begegnungen mit bestimmten Menschen oder Ereignissen. Um diese Verbindungen zu erkennen, ist es wichtig, bewusst auf die Welt um uns herum zu achten und auf unsere Intuition zu hören.

Beispiel:
Sie denken aus unerfindlichen Gründen intensiv an eine bestimmte Person und dann steht genau diese Person plötzlich unerwartet vor Ihnen oder Sie werden von ihr angerufen. Diese Art Synchronizität findet überraschend häufig statt.

Eine Möglichkeit, um Synchronizitäten zu erkennen, ist das Führen eines Tagebuchs, in dem Sie Ereignisse aufschreiben, die Ihnen auffallen und eine Bedeutung haben könnten. Wenn Sie ein Muster erkennen, können Sie Ihre Intuition nutzen, um tiefer in die Bedeutung dieser Verbindungen einzutauchen und zu verstehen, welche Botschaften die Akasha Chronik möglicherweise für Sie bereithält.

Es ist wichtig, nicht nur auf die offensichtlichen Synchronizitäten zu achten, sondern auch auf die subtilen. Manchmal können diese Verbindungen auf den ersten Blick unbedeutend erscheinen, aber wenn Sie aufmerksam bleiben, können sie wichtige Hinweise und Einsichten bieten. Eine offene und achtsame Haltung ist der Schlüssel zur Erkennung und Interpretation von Synchronizitäten und zur Entdeckung der Botschaften der Akasha Chronik.

Kreativität

Wenn Sie sich auf kreative Aktivitäten wie Malen, Schreiben oder Musik konzentrieren, können Sie nicht nur Ihre Gedanken und Emotionen verarbeiten, sondern auch Ihre Verbindung zur Akasha Chronik stärken. Sie öffnen sich für neue Ideen und Inspirationen, die Ihnen helfen können, tiefer in Ihr Unterbewusstsein einzutauchen und sich mit höheren Bewusstseinsebenen zu verbinden.

- Beim Malen können Sie sich auf Ihre Intuition konzentrieren und sich von Ihren inneren Empfindungen leiten lassen. Sie können neue Farben, Formen und Bilder entdecken, die Sie mit tiefen Einsichten und Erkenntnissen bereichern können.
- Durch das Schreiben von Gedichten oder Geschichten können Sie Ihre Fantasie anregen und neue Ideen und Gedanken entwickeln, die Ihnen helfen können, Ihre spirituelle Reise zu erweitern.
- Musik kann Sie in einen meditativen Zustand versetzen und Ihre Kreativität und Ihr Bewusstsein erweitern. Sie können sich auf die Klänge und Rhythmen konzentrieren, die Ihnen neue Erkenntnisse und Einsichten bringen können. Sie können auch versuchen, selbst Musik zu machen, um sich mit Ihrer inneren Musik zu verbinden und in einen tieferen Bewusstseinszustand zu gelangen.

Um Ihre Verbindung zur Akasha Chronik zu stärken, können Sie sich bei kreativen Aktivitäten auf Ihre Intuition und inneren Empfindungen konzentrieren. Es kann hilfreich sein, sich vor der kreativen Arbeit auf die Absicht zu konzentrieren, in Kontakt mit der Akasha Chronik zu treten und sich für mögliche Inspirationen und Erkenntnisse zu öffnen. Währenddessen sollten Sie sich erlauben, sich vollständig auf den Prozess einzulassen und sich von Ihrem inneren Fluss leiten zu lassen.

Tipp:
Durch regelmäßige kreative Aktivitäten können Sie Ihre Verbindung zur Akasha Chronik stärken und Ihr Bewusstsein erweitern. Es geht darum, Ihre Kreativität zu nutzen, um in Verbindung mit Ihrer inneren Weisheit und der höheren Weisheit der Akasha Chronik zu kommen. Lassen Sie sich von Ihrer Intuition leiten und seien Sie offen für neue Erkenntnisse und Einsichten.

Natur

Zeit in der Natur zu verbringen, ist eine wunderbare Möglichkeit, unsere Verbindung zur Akasha Chronik zu stärken und uns auf unsere innere Weisheit zu besinnen. Wenn wir uns in der Natur aufhalten, sind wir umgeben von natürlicher Schönheit und Energie, die uns helfen kann, uns zu entspannen und uns auf unsere intuitiven Fähigkeiten zu konzentrieren.

Nicht nur das, die moderne Forschung hat auch gezeigt, dass der Aufenthalt in der Natur zahlreiche Vorteile für unsere körperliche und geistige Gesundheit hat. Zum Beispiel haben Studien gezeigt, dass der Aufenthalt in der Natur dazu beitragen kann, Stress und Angstzustände zu reduzieren, das Immunsystem zu stärken, den Blutdruck und die Herzfrequenz zu senken, die Stimmung zu verbessern und die Kreativität zu steigern. Es hat sich auch gezeigt, dass sich der Kontakt mit der Natur positiv auf Kinder auswirken kann, insbesondere auf jene, die Probleme mit Aufmerksamkeit oder Hyperaktivität haben. Durch den Aufenthalt in der Natur kann ihre Konzentration und kognitive Leistung verbessert werden, was dazu beitragen kann, ihre Symptome zu lindern und ihre Fähigkeit zu erhöhen, sich auf Aufgaben zu konzentrieren. Im Folgenden finden Sie zwei Übungen, die Ihnen dabei helfen können.

Übung:

Waldbaden

Die Audio-Datei zu dieser Übung finden Sie im Bonusteil

Herzlich Willkommen zu dieser Übung! **Waldbaden, auch bekannt als Shinrin-yoku, ist eine japanische Praxis, die darauf abzielt, die heilende Kraft des Waldes zu nutzen. Wollen Sie die Methode für sich umsetzen, gehen Sie dabei wie folgt vor:**

Wählen Sie zuerst einen Wald: Suchen Sie einen Wald in Ihrer Nähe aus, der für das Waldbaden geeignet ist. Es sollte ein Ort sein, der ruhig und ungestört sowie fernab von Verkehr oder Lärm ist.

Schalten Sie alle Ablenkungen aus, einschließlich Ihres Handys, bevor Sie in den Wald gehen. Sie sollten sich voll und ganz auf Ihre Umgebung konzentrieren und Ihre Sinne öffnen.

Atmen Sie tief ein: Nehmen Sie einige tiefe Atemzüge und versuchen Sie, sich auf den Geruch des Waldes zu konzentrieren. Spüren Sie, wie die frische Luft Ihre Lungen füllt und Sie sich entspannter fühlen.

Machen Sie einen Spaziergang: Machen Sie einen langsamen Spaziergang durch den Wald und nehmen Sie sich Zeit, um sich umzusehen und zu beobachten, was um Sie herum passiert. Versuchen Sie, sich auf die Geräusche und Gerüche des Waldes zu konzentrieren.

Berühren Sie die Natur: Berühren Sie die Bäume, die Blätter und die Pflanzen um Sie herum. Spüren Sie die Textur und die Beschaffenheit der Dinge, die Sie berühren. Sie können auch barfuß durch den Wald gehen, um die Erde zu spüren.

Setzen Sie sich hin und meditieren Sie: Finden Sie einen ruhigen Platz im Wald und setzen Sie sich hin. Schließen Sie Ihre Augen und konzentrieren Sie sich auf Ihre Atmung. Lassen Sie alle Gedanken und Sorgen los und tauchen Sie in die Ruhe und Stille des Waldes ein.

Reflektieren Sie: Wenn Sie bereit sind, den Wald zu verlassen, nehmen Sie sich Zeit, um über Ihre Erfahrung nachzudenken. Notieren Sie Ihre Gedanken und Gefühle und überlegen Sie, wie Sie das Waldbaden in Zukunft in Ihren Alltag integrieren können. Bis zum nächsten Mal!

Übung:

Naturmeditation

Die Audio-Datei zu dieser Übung finden Sie im Bonusteil

Finden Sie einen geeigneten Ort im Freien: Suchen Sie nach einem ruhigen und ungestörten Ort, an dem Sie sich wohl und sicher fühlen. Ein Ort mit vielen Bäumen oder einer schönen Aussicht kann besonders inspirierend sein.

Setzen Sie sich in eine bequeme Position: Setzen Sie sich auf eine Decke, einen Fels oder einen Baumstamm. Eine aufrechte Haltung unterstützt die Atmung und kann helfen, den Geist zu beruhigen.

Schließen Sie die Augen und konzentrieren Sie sich auf Ihre Atmung: Konzentrieren Sie sich auf Ihre Atmung und spüren Sie, wie Sie ein- und ausatmen. Lassen Sie alle Gedanken los und versuchen Sie, vollständig im gegenwärtigen Moment zu sein.

Nehmen Sie Ihre Umgebung wahr: Lassen Sie Ihre Sinne auf Ihre Umgebung wirken. Nehmen Sie die Geräusche und Düfte der Natur wahr. Spüren Sie die Sonnenstrahlen oder den Wind auf Ihrer Haut.

Lassen Sie das Gedankenkarussell los: Wenn Gedanken aufkommen, lassen Sie sie einfach vorbeiziehen, ohne sich von ihnen mitreißen zu lassen. Sie können sich auch vorstellen, dass Sie sie auf Blättern oder Wolken legen und sie davontragen lassen.

Vertiefen Sie Ihre Verbindung zur Natur: Stellen Sie sich vor, wie Sie tief in die Natur eintauchen und eins werden mit allem um Sie herum. Visualisieren Sie, wie Sie mit den Bäumen, dem Gras und den Tieren in Kontakt kommen und sich mit ihrer Energie verbinden.

Bleiben Sie so lange, wie es für Sie angenehm ist. Wenn Sie bereit sind, öffnen Sie langsam die Augen und nehmen Ihre Umgebung wieder wahr.

Wenn Sie die Möglichkeit haben, können Sie auch versuchen, ein Hobby im Freien zu finden, das Ihnen Freude bereitet und Ihre Verbindung zur Natur stärkt. Vielleicht interessieren Sie sich für Fotografie, Gärtnern oder Vogelbeobachtung. Indem Sie sich auf diese Aktivitäten konzentrieren, können Sie sich auf Ihre Intuition und Ihre innere Weisheit fokussieren, während Sie von der natürlichen Ordnung und Geometrie umgeben sind.

Exkurs:

"Heilige Geometrie"

Die sogenannte "Heilige Geometrie" beschreibt die Muster und Formen, die in der Natur zu finden sind, und wie sie miteinander in Beziehung stehen. Viele Menschen glauben, dass diese Muster und Formen eine Art universelle Sprache darstellen, die uns mit der höheren Weisheit und Energie des Universums verbindet.

Wenn wir uns mit der Natur verbinden, können wir diese heiligen Muster und Formen in ihrer vollen Pracht sehen. Von den Spiralformen der Galaxien bis hin zu den Kristallstrukturen, die wir in der Natur finden, gibt es eine unendliche Vielfalt an heiliger Geometrie in der Natur.

Ein Beispiel für die heilige Geometrie in der Natur ist die Fibonacci-Folge, die in vielen Pflanzen und Tieren zu finden ist. Diese mathematische Folge beschreibt das Wachstumsmuster, das in der Natur zu finden ist. Das Muster beginnt mit einer Eins und einer Null und wird dann durch Addition der beiden vorherigen Zahlen in der Folge gebildet. Die Zahlenfolge sieht folgendermaßen aus: 0, 1, 1, 2, 3, 5, 8, 13, 21, 34 usw.

Ein weiteres Beispiel für heilige Geometrie in der Natur ist die Blume des Lebens, die in vielen alten Kulturen als Symbol für die Schöpfungsgeschichte und das universelle Bewusstsein verwendet wurde. Diese Form besteht aus sich überlappenden Kreisen, die ein komplexes Muster ergeben, das in vielen natürlichen Formen zu finden ist.

Indem wir uns mit der heiligen Geometrie in der Natur verbinden, können wir uns mit der höheren Weisheit und Energie des Universums verbinden. Wir können auch lernen, wie wir diese Muster und Formen nutzen können, um unsere spirituelle Praxis zu verbessern und unser Bewusstsein zu erweitern.

Die Blume des Lebens

Indem Sie Zeit in der Natur verbringen, können Sie Ihre Verbindung zu Ihrem wahren Selbst und der Welt um Sie herum stärken. Die Natur bietet Ihnen eine wunderbare Gelegenheit, sich von den Ablenkungen und dem Stress des Alltags zu lösen und sich auf Ihre innere Weisheit und Intuition zu konzentrieren. Sie können auch von den Symbolen und heiligen Geometrien profitieren, die die Natur bereithält und die Ihnen helfen können, Ihre Verbindung zur Akasha Chronik zu vertiefen.

Darüber hinaus kann der Aufenthalt in der Natur auch eine Möglichkeit sein, sich mit anderen Menschen zu verbinden und sich gegenseitig zu unterstützen. Gemeinsame Aktivitäten wie Wandern, Camping oder Gartenarbeit können Ihnen helfen, zu entspannen und Ihre Beziehungen zu stärken. Es ist wichtig, dass Sie erkennen, dass wir alle Teil der Natur und des Universums sind und dass wir uns gegenseitig in unserem Streben nach spiritueller Entwicklung und Erkenntnis unterstützen können.

Ihr spirituelles Team entdecken

Wenn Sie sich auf Ihrer spirituellen Reise weiterentwickeln möchten, kann es hilfreich sein, sich bewusst zu werden, dass Sie nicht alleine sind. Es gibt eine Vielzahl von Wesen und Energien, die Sie auf Ihrem Weg unterstützen und begleiten können. In diesem Kapitel werden wir uns mit der Entdeckung Ihres spirituellen Teams befassen, das aus Meistern, Lehrern und geliebten Personen bestehen kann. Wir werden untersuchen, wer diese Wesen sind, wie sie Ihnen helfen können und wie Sie sich mit ihnen verbinden können, um Ihre spirituelle Entwicklung zu fördern.

Ein spirituelles Team besteht aus verschiedenen nichtphysischen Wesen, die uns stetig begleiten und unterstützen können. Dazu gehören Meister, Lehrer und geliebte Personen, die in vergangenen Leben als Menschen auf der Erde existiert haben können. Diese Wesen sind eine wichtige Quelle der Führung und des Trostes und können uns bei der Entwicklung unserer spirituellen Fähigkeiten helfen. Die Mitglieder unseres spirituellen Teams können auch anonym bleiben, um die Unversehrtheit der Chronik zu gewährleisten und damit wir uns nicht zu sehr auf eine bestimmte Identität konzentrieren. Es ist wichtig, unser spirituelles Team zu entdecken und uns bewusst auf die Unterstützung und Führung dieser Wesen einzulassen.

Um unser spirituelles Team zu entdecken, ist es hilfreich, uns auf unsere Intuition und innere Führung zu konzentrieren. Wir können unsere Verbindung zu unserem höheren Selbst und zur Akasha Chronik stärken, um die Präsenz unseres spirituellen Teams besser wahrzunehmen. Oftmals werden uns Mitglieder unseres Teams durch Intuition, Träume oder Zufälle in unserem Leben gezeigt.

Es ist auch wichtig, uns von der Idee zu lösen, dass unser spirituelles Team nur aus berühmten spirituellen Führern oder Lehrern besteht. Jeder von uns hat einzigartige Unterstützung durch Wesen, die in verschiedenen Inkarnationen und Ebenen der Existenz existieren. Unsere geliebten Verstorbenen und unsere Seelenfamilie können ebenso Teil unseres spirituellen Teams sein und uns auf unserer Reise unterstützen.

Exkurs:

Seelenfamilien

Eine Seelenfamilie ist eine Gruppe von Seelen, die miteinander auf einer tiefen spirituellen Ebene verbunden sind. Diese Seelen haben sich über viele Leben hinweg immer wieder gefunden und begleitet. Sie haben oft ähnliche spirituelle Ziele und Absichten, die sie in ihren diversen Leben verfolgen, und arbeiten zusammen, um diese Ziele zu erreichen.

In der esoterischen Lehre wird angenommen, dass Seelen in Gruppen inkarnieren und verschiedene Rollen und Beziehungen zueinander haben können. Eine Seelenfamilie kann aus Freunden, Familienmitgliedern, romantischen Partnern, Kollegen und anderen Beziehungen bestehen. Die Verbindungen zwischen den Mitgliedern der Seelenfamilie können tief und bedeutsam sein und es kann ein Gefühl der Vertrautheit und des Wohlbefindens geben, wenn man sich begegnet.

Die Idee der Seelenfamilie impliziert, dass wir nicht nur durch unsere Blutsfamilie und unsere gegenwärtigen Beziehungen begrenzt sind, sondern dass wir auch Teil einer größeren Gemeinschaft von Seelen sind, die uns auf unserer spirituellen Reise begleiten. Durch die Erkenntnis, dass wir Teil einer Seelenfamilie sind, können wir uns auf unsere spirituellen Beziehungen konzentrieren und uns auf die Unterstützung und Führung unserer Seelengruppe einlassen. Dies kann uns helfen, uns auf unsere spirituellen Ziele und Absichten zu konzentrieren und uns auf unserer spirituellen Reise zu unterstützen.

Wenn wir unser spirituelles Team entdecken, können wir die Hilfe von den Mitgliedern in Anspruch nehmen, um unsere spirituellen Fähigkeiten zu entwickeln und unser Wachstum zu fördern. Wir können sie um Führung, Inspiration und Unterstützung bitten und uns auf ihre Weisheit und Erfahrung verlassen. Die Mitglieder unseres spirituellen Teams sind eine wichtige Ressource auf unserer Reise und können uns helfen, unsere wahre Bestimmung zu entdecken und zu leben. Welche Arten von Team-Mitgliedern es gibt und wie Sie ihre jeweiligen Energien nutzen können, erfahren Sie nachfolgend.

MEISTER

Der erste Teil Ihres spirituellen Teams sind die Meister. Diese sind nichtphysische Wesen, die Sie in jedem Leben begleiten und Ihnen bei Ihrer spirituellen Entwicklung helfen. Sie sind weise und erfahrene Wesen, die auf höheren Bewusstseinsebenen existieren und Ihnen ihre Weisheit und Führung zur Verfügung stellen können. Sie können auch als spirituelle Lehrer dienen und Ihnen helfen, Ihre Fähigkeiten und Fertigkeiten zu entwickeln. Es gibt viele verschiedene Meister, von verschiedenen spirituellen Traditionen und aus verschiedenen Zeitaltern. Wenn Sie sich darauf einlassen, können Sie eine tiefe Verbindung zu ihnen aufbauen und von ihrer Weisheit und Unterstützung profitieren.

Um sich auf eine Verbindung mit dem spirituellen Team einzulassen, gibt es einige Schritte, die Sie unternehmen können:

- Öffnen Sie sich für die Möglichkeit, dass es ein spirituelles Team gibt, das Sie unterstützt und begleitet. Das bedeutet, dass Sie bereit sein sollten, Ihre Wahrnehmung zu erweitern und für neue Erfahrungen offen zu sein.
- Bitten Sie um Unterstützung und Führung. Sie können ein Gebet sprechen oder einfach Ihre Absicht setzen, mit Ihrem spirituellen Team in Kontakt zu treten und um seine Hilfe und Unterstützung zu bitten.

- Meditieren Sie regelmäßig und nehmen Sie sich Zeit für Achtsamkeitsübungen. Durch diese Praktiken können Sie Ihr Bewusstsein erweitern und Ihre Verbindung zu Ihrem spirituellen Team vertiefen.
- Seien Sie geduldig und achten Sie auf Zeichen und Hinweise, die Ihnen Ihr spirituelles Team möglicherweise gibt. Diese können sich in Form von Träumen, Visionen, Zufällen oder intuitiven Einsichten zeigen.
- Vertrauen Sie auf Ihre Intuition und Ihre innere Weisheit, um die Kommunikation mit Ihrem spirituellen Team zu erleichtern. Wenn Sie lernen, Ihrer Intuition zu vertrauen und auf Ihre innere Stimme zu hören, können Sie die Führung und Unterstützung Ihres spirituellen Teams besser erkennen und annehmen.

Während dieser Zeit können Sie versuchen, sich auf die Präsenz eines bestimmten Meisters zu konzentrieren und sich vorzustellen, wie er neben Ihnen sitzt. Sie können sich auch vorstellen, dass er Ihnen ihre Weisheit und Führung direkt mitteilt oder Ihnen bestimmte Erkenntnisse oder Botschaften gibt.

Es ist auch hilfreich, sich für die Zeichen und Synchronizitäten zu öffnen, die von den Meistern kommen können. Dies können wiederkehrende Zahlenfolgen, bestimmte Worte oder Symbole oder sogar Begegnungen mit anderen Menschen sein, die uns an unsere Verbindung zu den Meistern erinnern. Indem wir auf diese Zeichen achten und sie als Führung annehmen, können wir unsere Verbindung zu den Meistern vertiefen und unsere spirituelle Reise unterstützen.

Jeder Mensch hat eine einzigartige Beziehung zu seinem spirituellen Team und die Art und Weise, wie Sie sich auf diese Verbindung einlassen, ist sehr individuell. Sie können jedoch sicher sein, dass Ihr spirituelles Team immer da ist, um Ihnen zu helfen und Sie zu führen.

Diese Qualitäten repräsentieren Meister

- Weisheit
- Erfahrung
- Führung

Sie haben oft jahrelange spirituelle Praktiken und Studien durchlaufen und können Ihnen helfen, Ihre spirituellen Fähigkeiten und Fertigkeiten zu entwickeln und Ihre spirituelle Praxis zu vertiefen. Wenn Sie sich auf ihre Führung und Unterstützung einlassen, können Sie von ihrer Weisheit und Erfahrung profitieren und spirituelle Ziele erreichen, die Sie allein vielleicht nicht erreichen würden.

Ihr spirituelles Team kann Ihnen helfen, diese Qualitäten zu kultivieren und in verschiedenen Bereichen Ihres Lebens anzuwenden. Wenn Sie beispielsweise ein spirituelles Ziel, wie die Erweckung Ihrer Kundalini-Energie haben, kann ein Meister Ihnen helfen, durch Anleitung und Techniken die Kundalini-Energie sicher und effektiv zu erwecken. Wenn Sie daran arbeiten, in Ihrem täglichen Leben spirituelle Werte, wie Mitgefühl, Dankbarkeit und Gelassenheit, zu kultivieren, können Meister Ihnen helfen, Wege zu finden, um diese Werte in Ihre täglichen Handlungen zu integrieren.

Exkurs:

Die Kundalini-Energie

Die Kundalini-Energie ist eine kosmische Energie, die im Hinduismus und Yoga als eine schlafende Energiequelle am unteren Ende der Wirbelsäule eines Menschen betrachtet wird. Wenn diese Energie geweckt wird, kann sie durch die Chakren (Energiezentren) des Körpers aufsteigen und spirituelle Erfahrungen und Erleuchtung ermöglichen. Die Kundalini-Energie wird oft als eine schlafende Schlange dargestellt, die durch bestimmte Techniken und Praktiken erweckt werden kann. Es wird angenommen, dass die Kundalini-Energie eine transformative Kraft hat und zu einem erhöhten Bewusstsein und zu spirituellem Wachstum führen kann.

Wenn Sie Ihre spirituelle Entwicklung fördern möchten, kann das Arbeiten mit einem Meister dazu beitragen, Hindernisse zu überwinden und Ihren Fortschritt zu beschleunigen.

LEHRER

Eine weitere wichtige Gruppe in Ihrem spirituellen Team sind die Lehrer. Diese können Gurus, Hohepriester oder auch Berühmtheiten wie Martin Luther King Jr. oder Albert Schweitzer sein. Sie können Ihnen helfen, Ihre spirituelle Praxis zu vertiefen, und Ihnen neue Wege aufzeigen, um Ihre spirituelle Entwicklung voranzutreiben.

Ein spiritueller Lehrer kann auf viele Arten und auch in Ihrem täglichen Leben in Erscheinung treten. Es kann eine Person sein, die Sie in Ihrem täglichen Leben treffen und die Sie als Mentor oder spiritueller Berater unterstützt. Sie können auch über Bücher, Videos oder andere Medien zu Ihnen kommen und Ihnen Inspiration und Anleitung geben. In einigen Fällen können Sie auch von einem Lehrer im Traum besucht werden.

Ein solcher Lehrer kann Ihnen helfen, Ihre spirituelle Praxis zu vertiefen, indem er Ihnen neue Techniken und Werkzeuge zeigt, um Ihre Fähigkeiten und Fertigkeiten zu entwickeln. Lehrer können Ihnen auch helfen, Hindernisse zu überwinden, die Sie daran hindern, Ihre spirituellen Ziele zu erreichen, indem sie Ihnen neue Perspektiven und Einsichten geben.

Ein Lehrer kann auch eine Quelle der Inspiration und Motivation sein, die Ihnen hilft, auf Ihrem spirituellen Weg voranzukommen. Er kann Ihnen zeigen, wie Sie Ihre spirituellen Erfahrungen und Erkenntnisse in Ihr tägliches Leben integrieren und wie dies Sie in schwierigen Zeiten unterstützen kann.

Lehrer erscheinen oft auch unerwartet. Es kann beispielsweise eine Person sein, die Ihnen in einem Supermarkt begegnet und Ihnen einen Rat gibt, Sie inspiriert und Ihre spirituelle Praxis fördert. Oder es kann auch eine spontane Begegnung mit einem spirituellen Lehrer oder Mentor sein, bei der Sie wertvolle Einblicke und Erkenntnisse gewinnen, die Ihnen helfen, Ihre spirituelle Reise zu vertiefen. Es kann auch sein, dass

Sie eine zufällige Begegnung mit einer Person haben, die Ihnen scheinbar nichts zu sagen hat, und später erkennen Sie, dass diese Begegnung eine tiefere Bedeutung hatte und Ihnen eine wichtige Lektion oder Einsicht vermittelt hat. Es ist wichtig, aufmerksam und offen für solche unerwarteten Erscheinungen zu sein und die Botschaften zu erkennen, die uns auf unserer Reise durch dieses Leben unterstützen können.

Es ist wichtig, zu betonen, dass ein spiritueller Lehrer nicht immer perfekt oder ohne Fehler ist. Aber ein guter Lehrer wird ehrlich und transparent sein und Ihnen helfen, Ihre eigene Wahrheit zu finden. Wenn Sie offen und aufmerksam sind und sich auf die Anleitung und Unterstützung eines spirituellen Lehrers einlassen, können Sie auf Ihrem spirituellen Weg schneller vorankommen und Ihre Fähigkeiten und Fertigkeiten schneller entwickeln.

Diese Qualitäten repräsentieren Lehrer

- Weisheit
- Erfahrung
- Erkenntnis

Durch den Zugang zu diesen Qualitäten können Sie Ihre spirituelle Entwicklung vorantreiben und neue Wege erkunden, um Ihre spirituellen Fähigkeiten und Fertigkeiten zu entwickeln. Indem Sie sich auf eine Verbindung zu einem Lehrer einlassen, können Sie spirituelle Blockaden überwinden und neue Erkenntnisse und Einsichten gewinnen, die Ihr Leben bereichern können.

Ein konkretes Lernbeispiel könnte sein, dass Sie sich an einen spirituellen Lehrer wenden, um mehr über Meditation zu erfahren. Der Lehrer könnte Ihnen zeigen, wie Sie richtig meditieren, und Ihnen verschiedene Techniken beibringen, um Ihre Praxis zu vertiefen. Sie könnten auch lernen, wie Sie Ihre Gedanken beruhigen und Ihre Konzentration verbessern können. Durch regelmäßige Meditation können Sie dann Ihre spirituelle Entwicklung vorantreiben und ein tieferes Verständnis von sich selbst und Ihrer Verbindung zum Universum erlangen.

Ein weiterer Vorteil der Zusammenarbeit mit Lehrern besteht darin, dass sie oft als Spiegel dienen und uns auf Bereiche aufmerksam machen können, an denen wir arbeiten müssen. Sie können Ihnen konstruktives Feedback geben, das Ihnen hilft, Ihre Praxis zu verfeinern und zu verbessern. Dadurch können Sie Ihre Fähigkeiten weiter verbessern und auf eine höhere Bewusstseinsebene aufsteigen.

GELIEBTE PERSONEN

Ein weiterer Teil Ihres spirituellen Teams sind geliebte Personen. Diese können verstorbene Familienmitglieder und Freunde sein, aber auch Ihre Seelenverwandten aus vergangenen Leben, nicht nur Ihre Blutsfamilie. Diese Wesen können zu anderen Zeiten in menschlicher Form auf der Erde existiert haben, aber auch in anderen Welten und höheren Dimensionen.

Exkurs:

Höhere Dimensionen in der Metaphysik

Nicht nur in der modernen Physik, sondern auch in der metaphysischen Lehre gibt es die Vorstellung von verschiedenen Welten und Dimensionen, die jenseits der physischen Welt existieren. Es wird angenommen, dass es verschiedene Ebenen des Bewusstseins gibt, die durch die Schwingungen oder Frequenzen, die sie ausstrahlen, voneinander getrennt sind. Die physische Welt, die wir mit unseren Sinnen wahrnehmen können, wird oft als die niedrigste oder dichteste Ebene betrachtet, während die höheren Ebenen feiner, subtiler und spiritueller sind.

Einige Lehren sprechen von der Existenz von parallelen Welten oder Universen, die gleichzeitig existieren, aber auf einer anderen Frequenzebene schwingen. Andere Lehren gehen davon aus, dass es verschiedene Ebenen der Realität gibt, die durch unsere Bewusstseinszustände beeinflusst werden können. Es wird auch angenommen, dass es Wesen gibt, die auf diesen höheren Ebenen existieren und uns in unserem Leben auf der physischen Ebene unterstützen und begleiten können.

In der Akasha Chronik werden oft Informationen über das spirituelle Team und dessen Herkunft in verschiedenen Welten und Dimensionen gefunden. Die Mitglieder des spirituellen Teams können aus der Erde oder anderen Planeten und Galaxien, aus höheren spirituellen Ebenen oder sogar aus der Zukunft stammen. Es wird angenommen, dass diese Wesen durch ihre höhere Schwingung in der Lage sind, mit unserer Realität zu interagieren und uns bei unserer spirituellen Entwicklung zu unterstützen.

Die Idee der geliebten Personen in der Akasha Chronik ist, dass Menschen, die uns im Leben nahestehen oder -standen, auch nach ihrem Tod in unserem Leben präsent sein können, wenn auch in energetischer Form. Dies können sogar Menschen sein, die wir nie getroffen haben, aber die uns auf unserer spirituellen Reise unterstützen.

Es gibt jedoch einen wichtigen Aspekt zu beachten, wenn es um die Identität dieser geliebten Personen geht. Oft bleiben sie anonym, um die Unversehrtheit der Akasha Chronik sicherzustellen. Wenn wir uns auf eine bestimmte Person oder Identität fixieren, kann dies uns daran hindern, unsere Verbindung zur Akasha Chronik zu vertiefen und unser Bewusstsein zu erweitern. Indem die Identität der geliebten Personen anonym bleibt, wird unsere Verbindung zur Akasha Chronik reiner und unverfälschter.

Wenn Sie sich mit der Akasha Chronik verbinden, können Sie möglicherweise auf die energetische Präsenz dieser geliebten Personen zugreifen und von ihrer Liebe und Unterstützung profitieren. Sie können als spirituelle Mentoren und Führer dienen und uns auf unserem Weg begleiten. Beachten Sie jedoch, dass ihre Präsenz oft subtil und nicht direkt spürbar ist. Es erfordert Geduld, Aufmerksamkeit und Offenheit, um ihre Präsenz wahrzunehmen und die Ratschläge empfangen zu können. Wie Sie Kontakt zu einer geliebten Person aufnehmen können, erfahren Sie nachfolgend.

Beispielmeditation zum Kontaktaufbau mit einer geliebten Person
Die Audio-Datei zu dieser Übung finden Sie im Bonusteil

Schaffen Sie einen ruhigen und entspannten Raum, in dem Sie sich wohlfühlen und sich konzentrieren können. Nehmen Sie eine bequeme Position ein und atmen Sie tief ein und aus, um Ihren Geist zu beruhigen und sich auf die Erfahrung einzulassen. Stellen Sie sich vor, dass Sie sich in einem schönen Garten oder Park befinden. Lassen Sie Ihre Sinne die Umgebung aufnehmen und fühlen Sie sich entspannt und sicher. Visualisieren Sie nun die Person, mit der Sie in Kontakt treten möchten, wie sie auf einer Bank im Garten sitzt oder auf einer Wiese spazieren geht. Stellen Sie sich vor, dass sie Ihnen nahe ist und Ihnen zuhört. Sprechen Sie nun mit dieser Person. Sie können ihr sagen, wie sehr Sie sie vermissen, ihr Ihre Liebe und Dankbarkeit ausdrücken oder sie um Rat oder Führung bitten. Seien Sie offen und ehrlich und lassen Sie Ihre Worte aus Ihrem Herzen kommen. Hören Sie aufmerksam zu und nehmen Sie wahr, ob Sie eine Antwort oder eine Botschaft erhalten. Diese kann in Form von Gedanken, Bildern oder Gefühlen kommen. Bedanken Sie sich bei der Person und schließen Sie die Interaktion ab, indem Sie sich vorstellen, wie sie sich verabschiedet oder Sie umarmt. Beenden Sie die Meditation langsam, indem Sie tief ein- und ausatmen und Ihre Aufmerksamkeit wieder auf Ihren Körper und Ihre Umgebung lenken.

Auch was unsere Seelenfamilie betrifft, bleibt oft die Identität dieser Wesen anonym. Wenn wir uns jedoch auf unsere Verbindung zur Seelenfamilie und ihre energetische Präsenz einlassen, können wir ihre Liebe und Unterstützung in unserem Leben spüren und uns auf unserer spirituellen Reise unterstützen lassen.

Diese Qualitäten repräsentieren geliebte Personen

Geliebte Personen als Teil des spirituellen Teams können eine Vielzahl von Qualitäten repräsentieren, die uns auf unserer spirituellen Reise helfen können:

- **Liebe**: Liebe ist eine kraftvolle Energie, die uns mit anderen verbindet und uns hilft, unsere eigene Spiritualität zu entwickeln. Wenn wir von geliebten Personen umgeben sind, die uns bedingungslos lieben, können wir uns sicher und geborgen fühlen und uns voller Hingabe auf unsere Entwicklung konzentrieren.
- **Vertrauen**: Wenn wir geliebten Personen vertrauen können, können wir uns öffnen und uns ihnen gegenüber verletzlich zeigen. Das kann uns helfen, uns selbst besser kennenzulernen und unsere eigenen Stärken und Schwächen zu akzeptieren.

Geliebte Personen können uns auch helfen, unsere Werte und Überzeugungen zu definieren und zu verfeinern. Durch den Austausch von Ideen und Erfahrungen können wir unser Verständnis von Spiritualität vertiefen und uns auf dem Weg zu einem tieferen Verständnis unseres Selbst und der Welt um uns herum begeben.

In schwierigen Zeiten können geliebte Personen uns auch dabei helfen, uns zu erden und uns wieder in Kontakt mit unseren Wurzeln zu bringen. Wenn wir uns in einer stressigen Situation befinden oder von Angst und Unsicherheit überwältigt werden, können wir uns an geliebte Personen wenden, die uns unterstützen und uns helfen, uns wieder auf das Wesentliche zu konzentrieren.

SCHUTZENGEL

Schutzengel sind nicht-physische Wesen, die uns auf unserer spirituellen Reise begleiten und uns in schwierigen Situationen schützen und unterstützen können. Sie sind eine wichtige Quelle der Führung und des Trostes und können uns bei der Entwicklung unserer spirituellen Fähigkeiten helfen. Sie sind in der Regel als Engel oder Lichtwesen bekannt und haben eine sehr hohe Schwingung. Sie können sehr mächtige Energiearbeiter sein und helfen uns dabei, unsere Energie zu klären und zu heilen. Schutzengel sind immer bei uns und können uns jederzeit helfen, wenn wir sie darum bitten.

Schutzengel haben keine speziellen Bedingungen oder Anforderungen, um uns zu unterstützen. Sie sind immer bereit, uns zu helfen und uns auf unserer spirituellen Reise zu begleiten. Es genügt, sich bewusst auf ihre Führung und Unterstützung einzulassen und ihnen zu erlauben, in unserem Leben zu wirken.

Schutzengel können uns auf verschiedene Arten helfen, z. B. durch Inspiration, Eingebungen oder durch Zeichen und Synchronizitäten. Sie können uns auch vor Gefahren und negativen Energien schützen. Eine Möglichkeit, Ihre Verbindung zu Ihren Schutzengeln zu stärken, ist durch Gebete oder Meditationen. Sie können auch auf Zeichen und Synchronizitäten achten, die darauf hinweisen, dass Ihre Schutzengel in Ihrem Leben aktiv sind. Bitten Sie sie ruhig und voller Vertrauen um Hilfe und Führung, wenn Sie sie brauchen.

Schutzengel sind ein wichtiger Bestandteil Ihres spirituellen Teams. Indem Sie auf ihre Führung und Unterstützung vertrauen, können Sie Ihre spirituelle Entwicklung vorantreiben und sich von ihrer Liebe und Weisheit inspirieren lassen.

Diese Qualitäten repräsentieren Schutzengel

- Schutz
- Sicherheit
- Geborgenheit
- Trost

Schutzengel können uns Führung und Unterstützung bieten, wenn wir uns in schwierigen Situationen befinden. Wenn Sie offen dafür sind, können Sie sich auf ihre Schutz- und Führungskraft verlassen und Ihre spirituelle Reise sicherer und erfolgreicher machen. Im Folgenden lernen Sie eine Übung kennen, mit der Sie Kontakt zu Ihrem Schutzengel aufbauen können.

Übung:

Umarmung des Lichts

Die Audio-Datei zu dieser Übung finden Sie im Bonusteil

Suchen Sie einen ruhigen Ort, an dem Sie ungestört sind und sich wohl fühlen. Entzünden Sie Kerzen oder Räucherstäbchen, um eine entspannte Atmosphäre zu schaffen.

Setzen Sie sich bequem hin und atmen Sie tief ein und aus. Konzentrieren Sie sich auf Ihre Atmung und lassen Sie alle Gedanken los.

Stellen Sie sich vor, dass Sie von einem warmen, liebevollen Licht umgeben sind. Es können auch Flügel aus Licht sein. Dieses Licht ist Ihr Schutzengel, der Sie in diesem Moment begleitet.

Sprechen Sie mit Ihrem Schutzengel. Stellen Sie ihm Fragen oder bitten Sie um Führung in einem bestimmten Bereich Ihres Lebens. Es ist wichtig, Ihre Wünsche klar und deutlich zu formulieren.

Hören Sie aufmerksam zu, wenn Ihr Schutzengel Ihnen antwortet. Dies kann in Form von Gedanken, Bildern oder Empfindungen geschehen. Vertrauen Sie darauf, dass Ihr Schutzengel Ihnen die Antworten gibt, die Sie brauchen.

Beenden Sie die Meditation, indem Sie Ihrem Schutzengel danken und ihm sagen, dass Sie sich freuen, weiter mit ihm zusammenzuarbeiten.

HELFENDE GEISTER

Als Teil unseres spirituellen Teams können auch helfende Geister auftreten, die uns auf unserem spirituellen Weg unterstützen. Helfende Geister sind nicht-physische Wesen, die uns auf energetischer Ebene begleiten und helfen können, Hindernisse zu überwinden, unser Bewusstsein zu erweitern und uns in unserer spirituellen Praxis zu unterstützen.

Schutzengel und helfende Geister: Der Unterschied

Der Unterschied zwischen Schutzengeln und helfenden Geistern liegt in ihrer Herkunft und ihrer Funktion. Schutzengel sind nicht-physische Wesen, die von Gott beauftragt wurden, uns auf unserer Lebensreise zu begleiten und uns zu schützen. Sie stehen uns ständig zur Seite und können uns in schwierigen Situationen unterstützen.

Helfende Geister hingegen sind Seelen verstorbener Menschen oder Tiere, die uns auf freiwilliger Basis helfen möchten. Sie haben eine starke Verbindung zu uns und können uns bei verschiedenen Aspekten unseres Lebens unterstützen, wie zum Beispiel bei der Heilung, der Bewältigung von Traumata oder bei der Entwicklung von Fähigkeiten und Gaben.

Ein weiterer Unterschied liegt in ihrer Erscheinung. Schutzengel werden oft als helle, strahlende Wesen wahrgenommen, während helfende Geister sich in verschiedenen Formen und Erscheinungen zeigen können, je nach ihren persönlichen Vorlieben und Fähigkeiten.

Diese Helfer können unterschiedliche Formen annehmen, von Geistführern bis hin zu Ahnen. Manche Menschen empfangen auch Führung von Tieren, die auf einer spirituellen Ebene zu ihnen sprechen. Die Form, in der uns unsere Helfer erscheinen, hängt oft mit unseren eigenen spirituellen Traditionen und Erfahrungen zusammen.

Helfende Geister können uns auf viele Arten unterstützen. Sie können uns bei unseren Entscheidungen helfen, indem sie uns intuitive Hinweise geben, oder uns bei der Überwindung von Herausforderungen helfen, indem sie uns Kraft und Unterstützung geben. Sie können uns auch bei der Erweiterung unseres Bewusstseins und der Entwicklung unserer spirituellen Fähigkeiten unterstützen, indem sie uns Wissen und Einsicht vermitteln.

Es ist wichtig, zu beachten, dass nicht jeder Mensch einen helfenden Geist hat oder dass er nicht für jeden Menschen auf die gleiche Weise erscheint. Manche Menschen haben möglicherweise mehrere helfende Geister, während andere vielleicht nur einen haben. Auch die Art und Weise, wie sie erscheinen, kann von Person zu Person unterschiedlich sein.

Wenn Sie mit Ihren helfenden Geistern arbeiten wollen, ist es wichtig, sie zu ehren und zu respektieren, da sie Sie auf Ihrem spirituellen Weg unterstützen und begleiten. Sie können ihnen danken und ihnen Opfergaben darbringen, um Ihre Wertschätzung auszudrücken. Es ist auch wichtig, regelmäßig mit ihnen zu arbeiten und sie um Führung und Unterstützung zu bitten.

Diese Qualitäten repräsentieren helfende Geister

- Unterstützung
- Inspiration
- Kreativität

Um von diesen Qualitäten zu profitieren, ist es wichtig, eine Verbindung zu einem helfenden Geist herzustellen und sich auf seine Führung und Unterstützung einzulassen. Im Folgenden finden Sie eine Übung, wie Sie Ihren helfenden Geist um Führung bitten können.

Übung:

Rat des Unsichtbaren

Hierbei benötigen Sie ein Kartenset mit Bildern von verschiedenen helfenden Geistern (z. B. Feen, Einhörner, Drachen usw.). Wenn Sie das Kartenset nicht haben, können Sie auch Bilder ausdrucken oder selbst malen.

Mischen Sie die Karten gut durch und konzentrieren Sie sich dabei auf die Frage, zu der Sie Rat benötigen. Ziehen Sie eine Karte aus dem Stapel und betrachten Sie das Bild des helfenden Geistes. Schließen Sie für einen Moment die Augen und stellen Sie sich vor, dass der helfende Geist direkt vor Ihnen steht. Stellen Sie dem helfenden Geist Ihre Frage und bitten Sie um seine Führung und Unterstützung. Schließen Sie die Augen und hören Sie auf die Antworten, die Ihnen durch Bilder, Worte oder Gefühle in den Sinn kommen. Öffnen Sie Ihre Augen und betrachten Sie das Bild des helfenden Geistes erneut. Notieren Sie die Botschaften oder Eindrücke, die Sie erhalten haben, und reflektieren Sie darüber, was sie für Ihre Frage bedeuten könnten. Bedanken Sie sich bei dem helfenden Geist für seine Führung und Unterstützung. Legen Sie die Karte beiseite und speichern Sie die Botschaften und Eindrücke, die Sie erhalten haben, für später ab.

NATURGEISTER

Naturgeister sind spirituelle Wesen, die eng mit der Natur und ihren Elementen verbunden sind. Sie sind Teil unseres spirituellen Teams und können uns bei unserer spirituellen Entwicklung und Heilung unterstützen.

Naturgeister werden oft als Feen, Elfen, Kobolde, Zwerge oder Baumgeister bezeichnet. Sie werden in vielen Kulturen als spirituelle Wesen verehrt und respektiert. In der spirituellen Praxis werden sie oft als Helfer und Unterstützer bei der Heilung und beim Schutz von Menschen und Orten genutzt.

Exkurs:

Naturgeister in aller Welt

Naturgeister sind in vielen Kulturen und Traditionen auf der ganzen Welt präsent. Nachfolgend finden Sie eine kleine Auswahl.

Europäische Mythologie:

Hier gibt es zum Beispiel Feen, Elfen, Zwerge und Kobolde.

Griechische Mythologie:

Hier treten Nymphen, Dryaden und Satyre auf.

Nordische Mythologie:

Trolle und Alben spielen hier eine wichtige Rolle.

Japanische Tradition:

Hier gibt es zum Beispiel die Yōkai, spirituelle Wesen, die Naturphänomene verkörpern, sowie die Kitsune, Fuchsgeister, und die Tengu, Vogelgeister.

Chinesische Mythologie:

Vorhandensein zahlreicher Naturgeister, darunter Drachen, Fabelwesen und Geister, die verschiedene Aspekte der Natur darstellen.

Aborigines in Australien:

Die sogenannten "Dreamtime-Schöpfungsmythen", die die Entstehung der Welt und ihrer Wesen beschreiben.

Nordamerika:

Geister der Berge, Flüsse und Bäume, die mit den Kräften der Natur in Verbindung stehen.

Südamerika:
Schamanen, die mit Geistern der Natur kommunizieren und diese um Unterstützung bitten.

Es gibt auch zahlreiche moderne spirituelle Praktiken, die Naturgeister und ihre Energie nutzen. Ein Beispiel hierfür ist die Praxis des Feng-Shui, bei der verschiedene Naturgeister, wie Drachen, Schildkröten und Löwen, als Symbole verwendet werden, um die Energie im Raum auszugleichen und zu harmonisieren.

Diese Wesen können uns helfen, eine tiefere Verbindung zur Natur herzustellen und uns auf die Schönheit und Energie um uns herum zu konzentrieren. Sie können uns auch dabei unterstützen, unsere spirituellen Fähigkeiten und Fertigkeiten zu entwickeln und zu vertiefen.

Naturgeister sind in der Regel freundlich und hilfsbereit. Sie können uns auf verschiedene Arten unterstützen, wie zum Beispiel durch das Heilen von körperlichen Beschwerden, das Lösen von emotionalen Blockaden oder beim Schutz von Orten vor negativen Energien.

Wenn Sie eine Verbindung zu Naturgeistern herstellen wollen, ist es wichtig, Ihren Geist zu öffnen und Ihre Wahrnehmung für die subtilen Energien um Sie herum zu schärfen. Sie können dies tun, indem Sie regelmäßig Zeit in der Natur verbringen und sich auf die Schönheit und Energie um Sie herum konzentrieren.

Sobald Sie eine Verbindung zu einem Naturgeist hergestellt haben, können Sie sich auf seine Führung und Unterstützung einlassen. Sie können den Geist um Hilfe und Rat bitten und sich bemühen, eine tiefere Beziehung zu ihm aufzubauen. Eine Möglichkeit, dies zu tun, ist regelmäßige Kommunikation, sei es durch Meditation, Gebete oder einfach durch stilles Sitzen in der Natur, wobei Sie auf die Energie und die Botschaften des Naturgeistes achten. Es ist auch wichtig, zu beachten, dass Naturgeister in vielen verschiedenen Formen und Erscheinungsformen existieren können.

Einige sind eng mit bestimmten Elementen verbunden, wie zum Beispiel Wasser, Luft, Erde oder Feuer, während andere eine breitere Palette von Energien und Qualitäten repräsentieren können.

Ein Beispiel für einen Naturgeist ist der Baumgeist. Baumgeister sind mit Bäumen verbunden und repräsentieren deren Energie und Qualitäten. Wenn Sie sich auf die Energie eines Baumgeistes einlassen, können Sie von seiner Standhaftigkeit, Wachstumskraft und Stabilität profitieren. Baumgeister können Ihnen auch helfen, Ihre Verbindung zur Natur zu vertiefen und Ihre spirituelle Verbindung zu stärken.

Ein weiteres Beispiel für einen Naturgeist ist der Wassergeist. Wassergeister sind mit dem Element Wasser verbunden und repräsentieren dessen Energie und Qualitäten. Wenn Sie sich auf die Energie eines Wassergeistes einlassen, können Sie von seiner Klarheit, Fließfähigkeit und Transformation profitieren. Wassergeister können Ihnen auch helfen, emotionale Blockaden zu lösen und Ihren spirituellen Weg zu unterstützen. Der Umgang mit Naturgeistern bringt eine gewisse Verantwortung mit sich. Sie sollten immer respektvoll und achtsam mit der Natur und ihren Bewohnern umgehen und ihre Grenzen respektieren. Eine spirituelle Praxis, die darauf abzielt, eine Verbindung zu Naturgeistern herzustellen, sollte immer von einem tiefen Respekt und einer tiefen Dankbarkeit für die Natur und ihre Wesen begleitet sein. Naturgeister können eine wichtige Rolle bei der Heilung und beim Schutz spielen. Sie können uns helfen, unsere spirituelle Verbindung zur Natur und zum Universum zu vertiefen und uns auf höhere Bewusstseinsebenen zu bringen.

Naturgeister können eine wichtige Ressource in unserem spirituellen Team darstellen. Sie können uns auf verschiedene Arten unterstützen und uns helfen, unsere spirituellen Fähigkeiten und Fertigkeiten zu entwickeln, zu vertiefen und zu einem tieferen Verständnis der Natur und des Universums zu gelangen.

Diese Qualitäten repräsentieren Naturgeister

- Naturverbundenheit
- Heilung
- Transformation

Die Heilkraft der Natur kann uns helfen, körperliche und emotionale Blockaden zu lösen und uns auf dem Weg der Selbstheilung und Transformation zu unterstützen. Durch die Arbeit mit Naturgeistern können wir lernen, unsere innere Weisheit und Intuition zu entwickeln und uns auf einen Pfad des spirituellen Wachstums zu begeben. Die folgende spielerische Übung können Sie nutzen, um Rat von der Natur zu erhalten.

Übung:

Die Schatzsuche

Wählen Sie einen Ort in der Natur aus, an dem Sie eine Schatzsuche durchführen möchten. Dies kann ein Wald, ein Park oder ein Garten sein. Stellen Sie sich vor, dass Sie von Ihren helfenden Geistern begleitet werden und dass sie Ihnen während der Schatzsuche Hinweise geben werden. Bitten Sie Ihre Geister, Ihnen zu helfen, die versteckten Schätze zu finden und sich auf die Energie und Botschaften der Schätze zu konzentrieren. Beginnen Sie Ihre Suche und achten Sie auf alles, was Ihnen auffällt. Halten Sie Ausschau nach kleinen Naturgegenständen, wie Steine, Blätter, Zweige oder Federn, die auf dem Boden liegen oder an Bäumen hängen. Wenn Sie einen Schatz gefunden haben, nehmen Sie ihn auf und halten Sie einen Moment inne, um sich auf die Energie und Botschaft zu konzentrieren, die er enthält. Vielleicht spüren Sie eine wärmende Energie in Ihren Händen oder eine plötzliche Erkenntnis oder Inspiration. Notieren Sie sich Ihre Erkenntnisse oder Gedanken zu jedem Schatz in einem Tagebuch oder auf einem Blatt Papier, damit Sie sich später daran erinnern können. Wenn Sie alle Schätze gefunden haben, finden Sie einen besonderen Ort, an dem Sie sie zusammenstellen oder aufbewahren können, um sich an diese Erfahrung zu erinnern und die Verbindung zu Ihren helfenden Geistern zu stärken. Bedanken Sie sich bei Ihren helfenden Geistern für ihre Unterstützung und erinnern Sie sich daran, dass Sie jederzeit ihre Hilfe und Führung in Anspruch nehmen können.

IHRE GANZ PERSÖNLICHE UNTERSTÜTZUNG

Ihr spirituelles Team ist ein wichtiger Bestandteil Ihrer Reise und kann Ihnen auf vielfältige Weise helfen, Ihre spirituellen Fähigkeiten und Fertigkeiten zu entwickeln und zu vertiefen. Jedes Mitglied Ihres Teams bringt einzigartige Gaben und Perspektiven mit, um Sie bei Ihrem Wachstum zu unterstützen und Ihnen Wege aufzuzeigen, wie Sie zu einem tieferen Verständnis von sich selbst und der Welt um Sie herum gelangen können.

Denken Sie daran, dass jedes Mitglied Ihres spirituellen Teams seine eigene Persönlichkeit und Identität hat und dass sie oft anonym bleiben, um die Integrität der Aufzeichnungen zu wahren und damit Sie sich nicht auf bestimmte Identitäten fixieren. Es geht vielmehr darum, sich auf die Energie und die Präsenz dieser Wesen einzulassen und sich von ihrer Liebe und Unterstützung tragen zu lassen.

Der Rückhalt durch dieses Team kann ein wahrer Segen sein und Ihnen helfen, Ihre spirituellen Ziele zu erreichen und Ihre Verbindung zur Akasha Chronik und zum höheren Selbst zu vertiefen. Seien Sie offen für ihre Weisheit und lassen Sie sich von ihrer Energie tragen, um Ihre spirituelle Reise zu einem erfüllenden und bereichernden Erlebnis zu machen.

MERKMALE EINES MITGLIEDS IHRES SPIRITUELLEN TEAMS

In diesem Kapitel werden wir uns damit beschäftigen, wie Sie erkennen können, wer Teil Ihres spirituellen Teams ist und welche Merkmale diese Mitglieder aufweisen. Ein tieferes Verständnis dafür zu erlangen, wer Ihre spirituellen Führer sind und welche Rolle sie in Ihrem Leben spielen, kann Ihnen dabei helfen, Ihre spirituelle Reise zu vertiefen und zu beschleunigen.

Jedes Mitglied Ihres spirituellen Teams ist einzigartig und kann verschiedene Merkmale und Eigenschaften aufweisen. Einige Merkmale können jedoch allgemein sein und dazu beitragen, dass Sie erkennen, wer zu Ihrem Team gehört. Los geht's.

Eines der ersten Merkmale, das Sie bei Mitgliedern Ihres spirituellen Teams suchen sollten, sind persönliche Merkmale. Diese können von Person zu Person variieren und je nach individueller spiritueller Reise unterschiedlich sein. Vielleicht suchen Sie nach einem Mitglied, das ähnliche Interessen und Leidenschaften wie Sie hat oder das bestimmte Eigenschaften aufweist, die Sie bewundern und zu denen Sie aufschauen.

Ein weiterer Hinweis ist die Art und Weise, wie Ihr Teammitglied etwas in Ihnen auslöst. Vielleicht fühlen Sie sich zu dieser Person hingezogen oder fühlen eine besondere Verbindung zu ihr. Vielleicht finden Sie, dass Sie von dieser Person herausgefordert werden oder dass sie Ihnen hilft, Ihre Komfortzone zu verlassen und neue Dinge auszuprobieren. Diese Art von Verbindung kann darauf hindeuten, dass diese Person ein wichtiger Teil Ihres spirituellen Teams ist.

Ein weiteres Merkmal, das auf ein Mitglied Ihres spirituellen Teams hinweisen kann, ist die Art und Weise, wie es Ihnen Wege aufzeigen kann. Vielleicht haben Sie das Gefühl, dass diese Person Ihnen Ratschläge gibt oder Sie in bestimmte Richtungen lenkt, die Ihnen helfen, Ihre Entwicklung voranzutreiben. Diese Person kann Ihnen neue Wege aufzeigen, um Ihre spirituellen Fähigkeiten und Fertigkeiten zu entwickeln, und Ihnen dabei helfen, Ihre spirituellen Ziele zu erreichen.

Noch ein Hinweis auf ein Mitglied Ihres spirituellen Teams kann sein, dass es Ihnen einen neuen Weg aufzeigt oder Ihnen eine neue Perspektive auf eine Situation bietet. Manchmal können wir uns in unserer spirituellen Praxis oder auf unserer Reise verirren und uns nicht sicher sein, welchen Weg wir einschlagen sollen. In diesen Momenten kann ein Mitglied Ihres spirituellen Teams Ihnen möglicherweise eine neue Richtung oder einen neuen Ansatz aufzeigen, den Sie noch nicht in Betracht gezogen haben.

Es ist auch möglich, dass ein Mitglied Ihres spirituellen Teams Ihnen helfen kann, Ihre eigenen Fähigkeiten und Talente zu entdecken und zu entwickeln. Oft haben wir verborgene Talente und Fähigkeiten, die wir nicht erkennen oder nicht vollständig entwickeln. Ein Mitglied Ihres spirituellen Teams kann Ihnen helfen, diese Talente und Fähigkeiten zu entdecken und zu entfalten, indem es Ihnen Anleitung und Unterstützung bietet.

Manchmal können wir uns selbst sabotieren oder uns von unseren eigenen Ängsten und Zweifeln zurückhalten. Ein Teammitglied kann Ihnen helfen, diese Blockaden zu erkennen und zu überwinden, indem es Ihnen Unterstützung und Ermutigung bietet.

Eine weitere Möglichkeit ist das Beobachten von Synchronizitäten und unerwarteten Ereignissen. Diese können als Hinweis auf die Anwesenheit und Unterstützung Ihres spirituellen Teams dienen. Vielleicht erleben Sie wiederholt unerklärliche Ereignisse, die auf eine bestimmte Person oder eine bestimmte Energie hindeuten. Oder Sie hören immer wieder denselben Namen oder denselben Song, der Sie an jemanden erinnert, der Ihnen in Ihrem Leben wichtig ist. Diese Synchronizitäten können ein Zeichen dafür sein, dass Ihr spirituelles Team versucht, Ihnen etwas mitzuteilen oder Sie auf eine bestimmte Person aufmerksam zu machen.

Die Merkmale eines Mitglieds Ihres spirituellen Teams können vielfältig und je nach Person und Situation unterschiedlich sein. Seien Sie aufmerksam, um die Unterstützung und Führung zu erkennen, die sie Ihnen bieten können.

DIE VERBINDUNG VERTIEFEN

Sobald Sie eine Verbindung zu einem Mitglied Ihres spirituellen Teams hergestellt haben, können Sie beginnen, diese zu vertiefen. Eine wichtige Möglichkeit, dies zu tun, ist, sich auf die Führung und Unterstützung dieses Wesens einzulassen und sich zu bemühen, eine tiefere Beziehung aufzubauen. Regelmäßige Kommunikation ist dabei ein wichtiger Bestandteil. Sie können beispielsweise eine Meditation durchführen oder einfach still sitzen und auf die Energie und Botschaften achten, die dieses Wesen Ihnen sendet. Die Übungen, die Ihnen bereits vorgestellt wurden, dienen dabei als wertvolle Grundlage.

Ihr spirituelles Team begegnet Ihnen möglicherweise auch durch andere Menschen und Situationen in Ihrem Leben. Menschen, die Ihnen helfen, Ihre spirituellen Fähigkeiten zu entwickeln und zu wachsen, können von Ihrem spirituellen Team gesendet werden. Dazu zählen übrigens auch Begegnungen und Ereignisse, die sich zunächst möglicherweise nicht so positiv anfühlen, doch Ihrem Wachstum dienlich sind. Versuchen Sie, diese Gelegenheiten zu erkennen und sich mit diesen Menschen zu verbinden, um von ihrer Weisheit und Erfahrung zu profitieren.

Die Verbindung zu Ihrem spirituellen Team ist ein wichtiger Bestandteil Ihrer spirituellen Reise. Je stärker Ihre Verbindung zu Ihrem spirituellen Team ist, desto mehr können Sie von dessen Weisheit, Unterstützung und Führung profitieren. Nehmen Sie sich Zeit, um regelmäßig mit Ihrem spirituellen Team zu kommunizieren und Ihre Verbindung zu ihm zu vertiefen, um Ihre spirituelle Entwicklung zu fördern und zu erweitern.

Um in der Lage zu sein, Ihnen zu helfen, müssen die Mitglieder Ihres spirituellen Teams nicht immer physisch präsent sein. Oft können Sie ihre energetische Präsenz spüren oder sie können Ihnen Zeichen und Symbole senden, um Sie auf Ihrem Weg zu führen. Seien Sie offen und aufmerksam, um diese Zeichen und Hinweise zu erkennen und zu verstehen.

MANIFESTIEREN

Ein weiterer wichtiger Aspekt bei der Arbeit mit Ihrem spirituellen Team ist das Manifestieren. Wenn Sie sich bewusst auf Ihre Verbindung zu Ihrem spirituellen Team einlassen, können Sie Ihre Manifestationskraft verstärken. Ihre Teammitglieder können Ihnen helfen, Ihre Manifestationsfähigkeiten zu erhöhen, indem sie Ihnen Wege aufzeigen, wie Sie Ihre Ziele und Wünsche in die Tat umsetzen können. Ihre spirituellen Begleiter können Ihnen auch dabei helfen, Hindernisse und Blockaden aufzulösen, die Ihnen im Weg stehen, um Ihre Ziele zu erreichen.

Schnellstart-Anleitung zum erfolgreichen Manifestieren:

Klarheit: Klären Sie, was Sie manifestieren möchten. Definieren Sie Ihr Ziel oder Ihren Wunsch so genau wie möglich. Schreiben Sie es auf und visualisieren Sie es.

Glaube: Glauben Sie daran, dass es möglich ist, Ihr Ziel zu erreichen. Erkennen Sie, dass Sie das Potenzial haben, Ihre Realität zu gestalten.

Affirmationen: Erstellen Sie positive Affirmationen, die Ihrem Ziel entsprechen. Wiederholen Sie sie täglich, um Ihr Unterbewusstsein auf das zu programmieren, was Sie manifestieren möchten.

Visualisierung: Stellen Sie sich Ihr Ziel bereits erreicht vor. Visualisieren Sie sich selbst in der Situation und fühlen Sie die Freude, die mit der Erfüllung Ihres Wunsches einhergeht.

Handlung: Nehmen Sie konkrete Schritte, um Ihr Ziel zu erreichen. Arbeiten Sie aktiv daran, Ihre Wünsche zu manifestieren, indem Sie beispielsweise ein Visionboard erstellen oder einen Plan zur Umsetzung Ihres Ziels erstellen.

Loslassen: Lassen Sie los und haben Sie Vertrauen, dass das Universum Ihnen das zukommen lässt, was Sie brauchen, um Ihr Ziel zu erreichen. Vermeiden Sie negative Gedanken und Zweifel und konzentrieren Sie sich stattdessen auf das, was Sie bereits haben und was Sie erreichen möchten.

Dankbarkeit: Seien Sie dankbar für das, was Sie bereits haben, und für das, was Sie manifestieren möchten. Dankbarkeit öffnet die Tür für mehr Fülle und Erfolg in Ihrem Leben.

Diese Schritte können Ihnen helfen, Ihre Manifestationskraft zu erhöhen und Ihre Ziele zu erreichen. Es ist wichtig, geduldig zu sein und sich auf den Prozess zu konzentrieren, anstatt sich auf das Endergebnis zu fixieren. Manifestieren erfordert Zeit, Energie und Glauben, aber mit der richtigen Einstellung und Disziplin können Sie alles manifestieren, was Sie sich wünschen, vorausgesetzt, Sie handeln auch dementsprechend.

Um Ihre Manifestationsfähigkeit zu erhöhen, ist es wichtig, sich auf das positive Ergebnis zu konzentrieren, das Sie sich wünschen. Konzentrieren Sie sich auf das Gefühl, das Sie haben werden, wenn Sie Ihr Ziel erreicht haben, und stellen Sie sich vor, wie es aussehen und sich anfühlen wird. Stellen Sie sich vor, dass Sie das Ziel bereits erreicht haben, und spüren Sie die Freude und die Dankbarkeit, die damit verbunden sind.

Beachten Sie auch, dass das Manifestieren nicht bedeutet, dass alles in Ihrem Leben perfekt wird oder dass Sie immer bekommen, was Sie wollen. Es bedeutet, dass Sie Ihre Gedanken und Gefühle bewusst auf Ihre Ziele und Wünsche ausrichten und Ihre Energie in die Verwirklichung dieser Ziele investieren. Ihr spirituelles Team wird Ihnen jedoch unterstützende Botschaften und Zeichen senden. Wenn Sie offen und aufmerksam sind, können Sie diese Zeichen erkennen und sich auf sie einlassen. Diese Botschaften und Zeichen können Sie ermutigen, weiterhin hart zu arbeiten und an Ihre Träume zu glauben.

DIE RICHTIGEN PERSONEN ANZIEHEN

Ein wichtiger Teil der Arbeit mit Ihrem spirituellen Team ist es auch, Personen in Ihr Leben zu ziehen, die positiv zu Ihrer spirituellen Reise beitragen können. Indem Sie positive und affirmativ formulierte Gedanken und Überzeugungen in Bezug auf Ihre spirituelle Reise aussenden, können Sie Personen in Ihr Leben ziehen, die Ihnen helfen können, Ihre spirituellen Ziele zu erreichen.

Im Zusammenhang mit dem Anziehen von Personen in unser Leben ist "affirmativ" eine positive Haltung oder Aussage, die darauf abzielt, etwas zu bestätigen oder zu bekräftigen. Es bedeutet, dass wir eine positive Einstellung und Erwartungshaltung haben sollten, dass wir bestimmte Personen, Situationen oder Ereignisse in unser Leben ziehen können, anstatt uns auf das Fehlen dieser Dinge zu konzentrieren. Wir sollten uns auf das konzentrieren, was wir wollen, und nicht auf das, was wir nicht wollen. Indem wir unsere Gedanken und Gefühle in eine positive Ausrichtung bringen, können wir das manifestieren, was wir uns wünschen.

Um die richtigen Personen in Ihr Leben zu ziehen, können Sie die nachfolgenden Schritte verfolgen:

- Bevor Sie beginnen, die richtigen Personen in Ihr Leben zu ziehen, sollten Sie sich über Ihre Absichten im Klaren sein. Fragen Sie sich: Welche Beziehungen möchte ich in meinem Leben haben? Welche Menschen möchte ich treffen? Schreiben Sie Ihre Absichten auf, um sie klarer zu visualisieren.
- Visualisieren Sie, wie Ihr Leben aussehen würde, wenn Sie die richtigen Menschen treffen und Beziehungen aufbauen würden. Stellen Sie sich vor, wie diese Menschen in Ihr Leben kommen und wie sie dazu beitragen, dass Sie Ihre Ziele erreichen. Verwenden Sie all Ihre Sinne, um Ihre Visualisierung so lebendig wie möglich zu machen.
- Seien Sie dankbar für alle Beziehungen in Ihrem Leben, auch wenn sie nicht perfekt sind. Die Praktik der Dankbarkeit wird Ihnen helfen, positive Energie auszusenden, an die Menschen, die in Ihr Leben passen.
- Machen Sie sich bereit, die richtigen Menschen in Ihr Leben zu ziehen, indem Sie auf Ihre eigene Persönlichkeitsentwicklung achten. Arbeiten Sie an sich selbst und Ihrer emotionalen Intelligenz, um ein besserer Freund, Partner oder Kollege zu sein.
- Erhöhen Sie Ihre Sichtbarkeit, indem Sie sich in Gruppen oder Vereinen engagieren, die Ihren Interessen entsprechen. Netzwerken Sie und lernen Sie neue Menschen kennen. Wenn Sie online aktiv sind, können Sie auch soziale Medien oder Dating-Apps nutzen, um neue Verbindungen zu knüpfen.
- Seien Sie offen für neue Beziehungen und lernen Sie, auf Ihr Bauchgefühl zu hören. Manchmal können die besten Beziehungen aus unerwarteten Situationen entstehen.
- Setzen Sie gesunde Grenzen und lernen Sie, Nein zu sagen, wenn nötig. Es ist wichtig, dass Sie Beziehungen eingehen, die Ihnen guttun und Sie nicht emotional oder physisch belasten.

Durch die Anwendung dieser Schritte können Sie lernen, die richtigen Personen in Ihr Leben zu ziehen und auf Ihre Ziele und Wünsche auszurichten. Es ist wichtig, zu beachten, dass die Beziehungen, die Sie eingehen, Zeit und Energie erfordern, um sie zu pflegen und zu entwickeln.

Richten Sie Ihre Energie nur auf Personen aus, die auf Ihrer spirituellen Reise positiv auf Sie einwirken und Ihnen helfen können, Ihre Fähigkeiten und Fertigkeiten zu entwickeln. Seien Sie offen für neue Freundschaften und Verbindungen und achten Sie darauf, wer und was in Ihr Leben tritt.

Wenn Sie eine Person gefunden haben, von der Sie glauben, dass sie ein Mitglied Ihres spirituellen Teams sein könnte, ist es wichtig, sich bewusst mit ihr zu verbinden und eine Beziehung aufzubauen. Eine Möglichkeit, dies zu tun, ist durch Affirmationen und Visualisierung. Stellen Sie sich vor, wie Sie eine Verbindung zu dieser Person aufbauen, und sprechen Sie Affirmationen aus, die diese Verbindung stärken. Nachfolgend finden Sie hierzu Beispielaffirmationen:

- Ich vertraue darauf, dass mein spirituelles Team mich auf meinem Weg führt und unterstützt.
- Ich bin bereit, mich auf die Führung meines spirituellen Teams einzulassen und dessen Weisheit anzunehmen.
- Ich öffne mich für die Liebe und Unterstützung meines spirituellen Teams und bin dankbar für dessen Präsenz in meinem Leben.
- Ich vertraue darauf, dass ich in jedem Moment von meinem spirituellen Team geführt und unterstutzt werde.
- Ich bin bereit, meine Beziehung zu meinem spirituellen Team zu vertiefen und den Mitgliedern mehr Raum in meinem Leben zu geben.

Achten Sie auch auf Ihre Intuition und auf mögliche Zeichen und Signale, die Ihnen Ihre spirituellen Teammitglieder senden könnten. Vielleicht fühlen Sie sich auf eine bestimmte Weise inspiriert oder haben eine plötzliche Eingebung, die Ihnen zeigt, wie Sie Ihre spirituelle Entwicklung vorantreiben können. Oder Sie spüren eine plötzliche Energieverschiebung oder Präsenz, die auf die Anwesenheit eines spirituellen Wesens hindeutet. Diese intuitiven Eindrücke können ein wichtiger Hinweis auf die Unterstützung und Führung Ihres spirituellen Teams sein.

Verbinden Sie sich bewusst mit Ihrem spirituellen Team und bemühen Sie sich, eine gesunde Beziehung aufzubauen. Wenn Sie sich mit den Merkmalen eines Mitglieds Ihres spirituellen Teams vertraut machen, können Sie die Führung und Unterstützung bei Ihrer spirituellen Entwicklung nutzen. Indem Sie Ihre Intuition und Aufmerksamkeit auf mögliche Synchronizitäten und Zeichen richten, können Sie auch neue Mitglieder in Ihrem spirituellen Team entdecken und von ihrer Weisheit und Erfahrung profitieren.

Die Zusammenstellung und das Erkennen Ihres spirituellen Teams ist ein dynamischer Prozess, der in stetigem Wandel ist. Sie können neue Mitglieder hinzufügen und alte Mitglieder loslassen, wenn sich Ihre spirituelle Reise entwickelt und verändert. Es ist auch möglich, dass Sie Phasen erleben, in denen Sie sich von Ihrem spirituellen Team getrennt oder abgeschnitten fühlen. In diesen Momenten ist es wichtig, sich auf Ihre spirituelle Praxis zu konzentrieren und Ihre Verbindung zu Ihrem höheren Selbst zu stärken, um Ihre Verbindung zu Ihrem spirituellen Team wiederherzustellen.

Die Akasha Chronik öffnen

Die Akasha Chronik ist ein uraltes Aufzeichnungssystem, das die gesamte spirituelle Geschichte des Universums enthält. Es ist ein Ort der spirituellen Weisheit und Einsicht, der es uns ermöglicht, tief in unser eigenes Wesen und in die spirituelle Natur der Welt einzutauchen. Viele Menschen sind fasziniert von der Idee, auf diese Chroniken zuzugreifen und zu erfahren, was sie über ihr Leben und ihre spirituelle Reise zu sagen haben.

Um die Akasha Chronik zu öffnen und auf sie zugreifen zu können, ist es wichtig, dass Sie sich zunächst bewusst machen, dass dies eine spirituelle Praxis ist, die viel Übung und Geduld, eine offene und empfängliche Haltung sowie eine starke Verbindung zu Ihrem spirituellen Team und Ihrer Intuition erfordert.

Der Zugang zur Akasha Chronik ist eine ernsthafte und verantwortungsvolle Praxis, die bestimmte ethische und spirituelle Richtlinien erfordert, die Sie gleich im Anschluss an dieses Kapitel erfahren.

Im weiteren Verlauf erhalten Sie eine Schritt-für-Schritt-Anleitung, wie Sie die Akasha Chronik öffnen und lesen können. Eine Akasha-Lesung ist eine sehr persönliche Erfahrung und jeder Mensch kann auf seine eigene Weise darauf zugreifen. Es gibt keine "richtige" oder "falsche" Methode, solange Sie sich auf Ihre innere Führung und Ihre Intuition verlassen. Ihnen werden jedoch die grundlegenden Schritte an die

Hand gegeben, um Ihnen einen sicheren und möglichst einfachen Einstieg zu gewährleisten. Sie werden lernen, wie Sie sich auf die Akasha Chronik einstimmen und wie Sie Informationen daraus lesen können.

Einige allgemeine Informationen vorab:
Konzentrieren Sie sich auf den gegenwärtigen Moment und achten Sie auf eine offene und empfängliche Haltung. Es kann auch helfen, eine Atemübung oder eine andere Entspannungstechnik zu praktizieren, um den Geist zu beruhigen und die Konzentration zu erhöhen.

Tipp:

Square-Breathing-Atemtechnik

- Setzen oder legen Sie sich in eine bequeme Position. Schließen Sie Ihre Augen und konzentrieren Sie sich auf Ihre Atmung.
- Atmen Sie tief ein und zählen Sie dabei langsam bis vier.
- Halten Sie Ihren Atem für vier Zählzeiten an.
- Atmen Sie langsam und gleichmäßig aus, während Sie wieder bis vier zählen.
- Halten Sie Ihre Atmung für vier Zählzeiten an, bevor Sie erneut einatmen.
- Wiederholen Sie diesen Atemzyklus für mindestens 5 Minuten oder so lange, wie Sie möchten.

Wenn Sie bereit sind, auf die Akasha Chroniken zuzugreifen, können Sie sich auf eine spirituelle Reise begeben, die Ihnen tiefere Einsichten und Einsichten in Ihre spirituelle Geschichte und Ihre Seele geben kann. Es ist jedoch wichtig, sich bewusst zu sein, dass diese Reise auch Herausforderungen und emotionale Wunden aufdecken kann, die geheilt werden müssen. Es ist wichtig, mit Liebe und Mitgefühl auf diese Informationen zu schauen und sich auf die positive Veränderung zu konzentrieren, die Sie in Ihrem Leben und Ihrer spirituellen Reise erfahren können. In der Akasha Chronik zu lesen, ist eine spirituelle Praxis und kein Werkzeug für die persönliche Bereicherung oder Neugierde. Suchen Sie nur Zugang zur Akasha Chronik, wenn Sie ein echtes spirituelles Anliegen haben und die Absicht verfolgen, sich einem höheren Bewusstseinszustand zu öffnen.

WICHTIGE HINWEISE ZUR NUTZUNG DER AKASHA CHRONIK

Die Akasha Chronik ist ein mächtiges Werkzeug, das es Ihnen ermöglicht, Zugang zu Ihrer spirituellen Geschichte und Ihrer Seele zu erhalten. In diesem Kapitel werden Ihnen wichtige Hinweise zur Nutzung der Akasha Chronik gegeben, um sicherzustellen, dass diese Praxis auf eine sichere und ethische Weise durchgeführt wird. Diese Hinweise sollten sorgfältig beachtet werden, um eine nachhaltige und positive Erfahrung mit der Akasha Chronik zu gewährleisten.

Bitten Sie um Erlaubnis
Bevor Sie in die Akasha Chronik eintreten, ist es ratsam, um Erlaubnis zu bitten. Bitten Sie Ihr spirituelles Team oder Ihre Schutzengel um Erlaubnis und um ihre Führung bei diesem Prozess.

Seien Sie achtsam und respektvoll
Die Akasha Chronik ist ein heiliger Ort der Weisheit. Es ist wichtig, eine achtsame und respektvolle Haltung bei der Nutzung zu haben. Dies bedeutet, dass Sie sich in einem ruhigen und friedlichen Raum befinden und bereit sind, in einen meditativen Zustand einzutreten.

Vertrauen Sie Ihrer Intuition
Es ist wichtig, zu lernen, sich zu öffnen, auf Ihre eigene Intuition zu vertrauen und sich auf die Erfahrung der Chronik einzulassen. Betrachten Sie Ihre Eingebungen dennoch kritisch und mit einem klaren Verstand.

Handeln Sie aus Liebe und Mitgefühl
Die Akasha Chronik kann Informationen über vergangene Leben, emotionale Wunden und spirituelle Herausforderungen enthalten. Behandeln Sie

diese Informationen mit Liebe und Mitgefühl. Das Ziel der Lesung ist nicht, Schuld oder Scham zu erzeugen, sondern zu helfen, Heilung und Wachstum zu fördern.

Seien Sie bereit für Veränderungen
Eine Akasha-Lesung kann tiefe Einsichten in Ihre eigene spirituelle Geschichte und Ihre eigenen spirituellen Herausforderungen liefern. Seien Sie bereit, Veränderungen zuzulassen, um Ihr spirituelles Wachstum zu fördern. Dies erfordert eine offene und empfängliche Haltung sowie den Willen, an sich selbst zu arbeiten.

Schützen Sie sich
Schützen Sie sich vor negativen Energien und Einflüssen, bevor Sie in die Akasha Chronik eintreten. Stellen Sie sich vor, dass Sie von einem Licht oder einer Kuppel des Schutzes umgeben sind. Sie können auch um die Führung Ihres Schutzengels oder spirituellen Teams bitten, um Sie vor negativen Energien und Einflüssen zu bewahren.

Vermeiden Sie Manipulation und Kontrolle
Respektieren Sie die Privatsphäre und die Entscheidungen anderer in der Chronik. Versuchen Sie nicht, die Chronik zu manipulieren oder zu kontrollieren, um Ihre eigenen Wünsche zu erfüllen. Vertrauen Sie darauf, dass die Informationen, die Sie erhalten, für Ihre spirituelle Entwicklung von Bedeutung sind.

Bleiben Sie in der Gegenwart
Konzentrieren Sie sich auf die gegenwärtige Erfahrung und vermeiden Sie es, sich auf vergangene oder zukünftige Ereignisse zu konzentrieren. Bleiben Sie im Moment und lassen Sie sich von der Erfahrung der Akasha Chronik führen. Seien Sie bereit, tiefe Einsichten und Erkenntnisse über Ihre spirituelle Geschichte und Ihre Seele zu erhalten.

Beachten Sie diese Hinweise zur Nutzung der Akasha Chronik. So können Sie sicher sein, dass Sie die Chronik auf eine sichere und ethische Weise nutzen und eine positive Erfahrung mit dieser mächtigen spirituellen Praxis machen.

WIE SIE IHRE FRAGEN AM BESTEN STELLEN

Nun geht es darum, wie Sie am besten Ihre Fragen formulieren, wenn Sie auf die Akasha Chronik zugreifen. Die Art und Weise, wie Sie Ihre Fragen stellen, hat direkte Auswirkungen auf die Qualität und Tiefe der Informationen, die Sie erhalten. Eine klare und offene Fragestellung wird Ihnen helfen, tiefer in ein Thema einzutauchen und mehr Informationen zu erhalten, die für Ihre spirituelle Praxis nützlich sein können. In diesem Sinne ist es wichtig, Ja/Nein-Fragen zu vermeiden, da sie oft nicht genügend Informationen liefern und die Antworten unklar sind.

Stattdessen sollten Sie Fragen stellen, die mit

- Was,
- Warum und
- Wie

beginnen. Indem Sie sich auf offene und ausdrucksstarke Fragen konzentrieren, eröffnen Sie sich die Möglichkeit, in die tiefsten Tiefen eines Themas einzutauchen und seine verborgenen Geheimnisse zu enthüllen. Zum Beispiel: Anstatt zu fragen,

"Werde ich einen Lebenspartner finden?",

ist es besser, zu fragen,

"Was blockiert mich, einen Lebenspartner zu finden?".

Schreiben Sie Ihre Fragen nieder. Dies ermöglicht es Ihnen, sich auf das zu konzentrieren, was Sie wirklich wissen möchten, und stellt sicher, dass Sie keine wichtigen Fragen vergessen. Wenn Sie Ihre Fragen im Voraus schriftlich festhalten, können Sie sicherstellen, dass Sie sich bei der Lesung nicht ablenken lassen und eine klare Absicht verfolgen.

Beachten Sie auch, dass in der Akasha Chronik kein Konzept von Zeit existiert. Daher sollten Sie **keine** Fragen stellen, die mit

- Wann

beginnen, da die Antworten auf diese Fragen nicht immer klar und eindeutig sind. Stattdessen sollten Sie sich darauf konzentrieren, Fragen zu stellen, die Ihnen helfen, mehr Informationen zu erhalten:

"Wie kann ich meine Suche nach einem Lebenspartner sinnvoller und erfolgreicher gestalten?"

Je offener und klarer Sie Ihre Fragen formulieren, desto tiefer können Sie in die unendlichen Weiten der Akasha Chronik eintauchen und die Fülle an Informationen und Weisheit entdecken, die auf Sie warten. Indem Sie offene Fragen stellen, öffnen Sie sich für neue Perspektiven und Einsichten, die Ihre spirituelle Praxis bereichern und fördern können. Lassen Sie Ihre Fragen zu einer Brücke werden, die Sie zu tiefgreifenden Erkenntnissen und Erfahrungen führt und Ihre Verbindung zu Ihrem höheren Selbst stärkt.

Im folgenden Abschnitt erwartet Sie eine reiche Auswahl an Fragen, die als Inspiration für Ihre eigenen Fragen dient und Ihnen dabei helfen kann, tiefere Einblicke in Ihre spirituelle Geschichte und Entwicklung zu erlangen.

POTENZIELLE FRAGEN, DIE SIE STELLEN KÖNNEN

In diesem Kapitel haben wir eine Liste von potenziellen Fragen zusammengestellt, die man der Akasha Chronik stellen kann, um mehr Klarheit und Einsicht in verschiedene Aspekte des Lebens zu erhalten. Sie können diese Fragen genauso in Ihren eigenen Lesungen verwenden, doch wir möchten Sie dazu ermutigen, Ihre ganz persönlichen Fragestellungen zu entwickeln. Wichtig ist dabei nur, dass Sie Ihre Fragen so stellen, wie es im letzten Kapitel behandelt wurde.

- Was ist meine wahre Lebensaufgabe?
- Welche spirituellen Praktiken oder Rituale würden mir helfen, mich weiterzuentwickeln?
- Was kann ich tun, um mein Selbstbewusstsein und mein Selbstvertrauen zu stärken?
- Wie kann ich meine Beziehungen verbessern und harmonischer gestalten?
- Was sind die Hauptursachen meiner Ängste und wie kann ich sie überwinden?
- Welche karmischen Lernaufgaben muss ich noch meistern?
- Was sind meine besonderen Gaben und Fähigkeiten, die ich nutzen kann, um anderen zu helfen?
- Wie kann ich meine Intuition und meine Verbindung zum höheren Selbst stärken?
- Welche Blockaden oder Begrenzungen hindern mich daran, mein volles Potenzial zu entfalten?
- Was kann ich tun, um meine Energie und Vitalität zu steigern?
- Wie kann ich meine Kreativität und Inspiration fördern?
- Welche Lektionen habe ich aus vergangenen Leben zu lernen und wie können sie mir heute helfen?
- Was sind meine größten Stärken und Schwächen und wie kann ich sie ausbalancieren?
- Wie kann ich meine Finanzen und meine berufliche Karriere verbessern?

- Welche Veränderungen oder Herausforderungen werde ich in naher Zukunft erleben und wie kann ich mich darauf vorbereiten?
- Was sind meine tiefsten Sehnsüchte und wie kann ich sie verwirklichen?
- Wie kann ich meine Wahrnehmung und mein Verständnis für die Welt um mich herum erweitern?
- Was sind meine wichtigsten Lernaufgaben in diesem Leben und wie kann ich sie am besten meistern?
- Wie kann ich meine Beziehungen zu meinen Eltern und Familienmitgliedern heilen und verbessern?
- Welche spirituellen Lehrer oder Vorbilder können mir helfen, meine spirituelle Reise voranzutreiben?
- Wie kann ich meine Fähigkeit zur Selbstliebe und Selbstakzeptanz stärken?
- Was sind die Hauptursachen für meine Depressionen oder meine Traurigkeit und wie kann ich sie behandeln?
- Wie kann ich meine Art, zu kommunizieren, verbessern und mich klarer ausdrücken?
- Was sind meine größten Ängste und Sorgen und wie kann ich sie überwinden?
- Wie kann ich meine spirituelle Entwicklung beschleunigen oder vertiefen?
- Welche Verhaltensweisen oder Denkmuster hindern mich daran, meine Träume zu verwirklichen?
- Wie kann ich meine Dankbarkeit und Wertschätzung für das Leben und die Menschen um mich herum verbessern?
- Wie kann ich meine Fähigkeit zur Vergebung stärken und mich von negativen Emotionen befreien?
- Was sind meine größten Lernaufgaben im Bereich der zwischenmenschlichen Beziehungen?
- Wie kann ich meine Fähigkeit zur Manifestation stärken und meine Ziele schneller erreichen?
- Am Ende jeder Sitzung: **Gibt es noch etwas, das ihr mir mitteilen möchtet?**

VORAUSSETZUNGEN, UM SICH MIT DER AKASHA CHRONIK ZU VERBINDEN

Um eine optimale Erfahrung zu gewährleisten, ist es wichtig, dass Sie sich vorbereiten, bevor Sie in die Chronik eintauchen. Eine Verbindung mit der Akasha Chronik erfordert bestimmte Voraussetzungen, die Sie schaffen sollten. Welche das genau sind, erfahren Sie nachfolgend.

Ein wichtiger Faktor ist Ihre geistige Ausrichtung. Sie sollten sich in einem klaren, entspannten Zustand befinden, um eine Verbindung mit der Chronik herstellen zu können. Es ist ratsam, vorher zu meditieren oder andere Entspannungstechniken zu nutzen, um Ihren Geist zu beruhigen und sich zu zentrieren.

Um eine Verbindung mit der Akasha Chronik herstellen zu können, sollten Sie in der Lage sein, Ihre Gedanken zu beruhigen und sich auf die Erfahrung einzulassen. Ein gestresster Geist kann Ihre Verbindung zur Chronik blockieren und es schwerer machen, Antworten auf Ihre Fragen zu finden.

Seien Sie bereit, sich auf eine spirituelle Erfahrung einzulassen. Dies erfordert Offenheit und die Bereitschaft, neue Einsichten und Perspektiven zu empfangen. Es ist wichtig, dass Sie mit einer positiven Einstellung in die Chronik eintreten und sich darauf konzentrieren, was Sie lernen und erfahren möchten.

Des Weiteren sollten Sie eine klare Absicht haben, bevor Sie in die Akasha Chronik eintreten. Eine Absicht hilft Ihnen, sich auf ein bestimmtes Thema oder eine bestimmte Frage zu fokussieren, und ermöglicht es Ihnen, gezielt nach Antworten und Einsichten zu suchen.

Verlassen Sie sich auf Ihre Intuition und seien Sie offen für die Botschaften und Hinweise, die Ihnen in der Chronik begegnen können. Oft sind die Antworten, die Sie suchen, nicht auf den ersten Blick offensichtlich, sondern versteckt in Symbolen oder Metaphern. Es kann hilfreich sein, Ihre Träume und Visionen zu notieren, da sie oft eine wichtige Rolle bei der Interpretation der Botschaften aus der Chronik spielen.

Es kann sein, dass die Antworten, die Sie suchen, anders ausfallen als erwartet. Vertrauen Sie darauf, dass die Informationen, die Sie erhalten, für Ihre spirituelle Entwicklung wichtig sind.

Nehmen Sie sich Zeit und hetzen Sie sich nicht. Stellen Sie sicher, sich in einer ruhigen Umgebung aufzuhalten, wo Sie nicht gestört werden, um sich vollständig auf die Erfahrung einzulassen.

Die Lesung der Akasha Chronik

In diesem Kapitel werden wir uns eingehend mit der Lesung der Akasha Chronik beschäftigen. Eine Lesung kann eine wunderbare Möglichkeit sein, um tiefer in Ihre spirituelle Reise einzutauchen und Antworten auf Ihre Fragen zu erhalten. Wenn Sie sich jedoch noch nie mit der Chronik verbunden haben, kann der Prozess zunächst einschüchternd wirken. Deshalb ist es wichtig, sich im Vorfeld auf die Lesung vorzubereiten und die richtigen Voraussetzungen zu schaffen. Nachfolgend erfahren Sie mehr über den Ablauf einer Lesung.

EIN ÜBERBLICK

Bevor Sie beginnen, stellen Sie sicher, dass Sie sich in einer sicheren und ungestörten Umgebung befinden. Planen Sie Ihre Lesung so, dass Sie der folgenden Erfahrung Ihre volle Aufmerksamkeit widmen können und nicht unterbrochen werden. Eine Möglichkeit, sich auf die Lesung vorzubereiten, ist eine Atemübung, die helfen kann, den Geist zu beruhigen und den Körper zu entspannen. Es gibt verschiedene Atemtechniken, die zur Entspannung und Beruhigung des Geistes beitragen können. Eine davon, die Square-Breathing-Technik, haben Sie bereits kennengelernt. Nachfolgend finden Sie eine Atemübung, die sich stattdessen auf Ajna (Ihr drittes Auge, das sich zwischen Ihren Augenbrauen befindet) konzentriert.

Übung:

Fokus auf das dritte Auge

Die Audio-Datei zu dieser Übung finden Sie im Bonusteil

Setzen Sie sich in eine bequeme Position mit geradem Rücken und schließen Sie die Augen.

Atmen Sie tief ein und spüren Sie, wie sich Ihre Lunge mit Luft füllt. Halten Sie den Atem für einen Moment an.

Atmen Sie langsam und gleichmäßig aus, während Sie sich darauf konzentrieren, Ihren Geist zu beruhigen.

Stellen Sie sich vor, dass Sie beim Einatmen eine weiße und heilsame Energie durch Ihre Nase aufnehmen und in Ihren Körper fließen lassen. Diese Energie sorgt dafür, dass Sie sich entspannt und ausgeglichen fühlen.

Beim Ausatmen stellen Sie sich vor, dass Sie negative Gedanken und Emotionen loslassen. Mit jedem Ausatmen lassen Sie mehr Anspannung und Stress los.

Richten Sie Ihre Aufmerksamkeit nun auf Ihr drittes Auge – den Bereich zwischen den Augenbrauen. Stellen Sie sich vor, dass Sie bei jedem Einatmen weiße Energie durch dieses Zentrum ziehen und es mit Reinheit und Klarheit füllen.

Halten Sie diese Position und Atmung für einige Minuten aufrecht. Lassen Sie Ihre Gedanken kommen und gehen, aber lassen Sie sich nicht von ihnen mitreißen.

Ein weiterer wichtiger Schritt ist das Eröffnungsgebet. Dieses Gebet dient dazu, eine Verbindung zu Ihrem spirituellen Team und der Chronik herzustellen. Sie können in diesem Gebet um Klarheit und Führung bitten und sich für die Möglichkeit bedanken, sich mit der Chronik zu verbinden. Eine solche positive Einstellung und Dankbarkeit sind wichtige Voraussetzungen für eine erfolgreiche Lesung.

Während der Lesung ist es wichtig, dass Sie eine klare Absicht haben und sich auf Ihre Fragen konzentrieren. Eine detaillierte Schritt-für-Schritt-Anleitung kann Ihnen helfen, durch den Prozess zu navigieren und sicherzustellen, dass Sie die bestmögliche Erfahrung machen. Sie sollten bereit sein, Ihre Intuition zu nutzen und sich auf die Botschaften und Hinweise zu konzentrieren, die Ihnen in der Chronik begegnen können. Diese Botschaften können in verschiedenen Formen erscheinen, wie zum Beispiel in Träumen, Visionen oder Symbolen.

Achten Sie auch auf Ihre geistige Ausrichtung. Sie sollten sich in einem klaren, entspannten Zustand befinden, um eine Verbindung mit der Chronik herstellen zu können. Es ist ratsam, vor der Lesung zu meditieren oder andere Entspannungstechniken, wie eine Atemübung, zu nutzen, um Ihren Geist zu beruhigen und sich zu zentrieren. Sie sollten auch bereit sein, sich auf eine spirituelle Erfahrung einzulassen, und sich darauf konzentrieren, was Sie lernen und erfahren möchten.

Nach der Lesung ist ein Abschlussgebet eine gute Möglichkeit, um sich von der Chronik und Ihrem spirituellen Team zu verabschieden und den Prozess zu beenden. In diesem Gebet können Sie sich für die Erfahrungen bedanken und um Klarheit und Führung für die Zukunft bitten.

DAS GEBET

In diesem Kapitel werden Ihnen zwei Eröffnungsgebete an die Hand gegeben, die Sie nach freien Stücken anpassen und als Inspiration für Ihr eigenes Gebet nutzen können.

Gebet Nr. 1:
Liebes Universum,

ich rufe die spirituellen Kräfte des Universums auf, um mich auf dieser spirituellen Reise zu begleiten. Ich bitte um den Segen und die Führung durch die geistigen Meister und Lehrer, die in der Akasha Chronik auf mich warten.

Ich öffne mein Herz und meinen Geist, um mich auf eine neue Ebene der Erkenntnis und des Bewusstseins zu erheben. Ich bitte um Klarheit und Verständnis, um meine spirituelle Reise zu vertiefen und meine innere Wahrheit zu erkennen.

Möge ich in der Lage sein, die Botschaften und Hinweise, die mir in der Chronik begegnen, zu interpretieren und zu verstehen. Mögen sie mir helfen, meine spirituellen Fähigkeiten und Fertigkeiten zu entwickeln und zu vertiefen.

Ich danke dem Universum und meinen geistigen Begleitern für ihre liebevolle Führung und Unterstützung. Möge ihre Liebe und Weisheit mich auf meiner Reise begleiten und mich zu einem tieferen Verständnis von mir selbst und der Welt um mich herum führen.

So sei es.

Gebet Nr. 2:

Liebes höheres Selbst, liebe Engel und aufgestiegenen Meister, liebe spirituellen Führer und Wächter der Akasha Chronik, ich danke euch dafür, dass ihr mich auf meiner spirituellen Reise begleitet und unterstützt. Ich rufe euch an, um meine Verbindung zur Akasha Chronik zu stärken und um von eurem liebevollen Licht und eurer Weisheit getragen zu werden.

Ich bitte darum, dass die Informationen, die ich in der Chronik empfange, von höchster Reinheit und Wahrheit sind, und dass sie dazu beitragen, mein spirituelles Wachstum zu fördern und meine Seele zu nähren. Ich öffne mein Herz und meinen Geist für eure Botschaften und Hinweise und ich bitte darum, dass sie klar und verständlich zu mir kommen.

Ich danke euch dafür, dass ihr mir eure Unterstützung und eure Liebe schenkt, während ich mich in die Chronik einlasse. Möge diese Lesung eine Quelle der Erkenntnis und des Friedens sein und mir helfen, meine Verbindung zu meinem höheren Selbst und zu euch zu vertiefen. Ich vertraue auf eure Führung und eure Liebe.

So sei es.

Verharren Sie nach jedem Gebet in kurzer Stille, um den Moment zu ehren.

DIE GEFÜHRTE AKASHA-CHRONIK-MEDITATION

Die Audio-Datei zu dieser Übung finden Sie im Bonusteil

Stellen Sie sich nun vor, Sie befinden sich in der Eingangshalle eines Gebäudes mit drei Stockwerken. Dieses Gebäude symbolisiert Ihre aktuelle Erfahrung der dritten Dimension. Sehen Sie sich um und bemerken Sie, wie Sie von dieser Ebene aus die Welt wahrnehmen.

Betrachten Sie die Architektur, die Farben und das Material der Eingangshalle. Spüren Sie die Textur des Bodens unter Ihren Füßen und die Temperatur der Luft um Sie herum. Verweilen Sie einen Moment in der sanften Brise, die durch die Halle weht.

Am Ende der Halle bemerken Sie die Türen eines Aufzugs. Die Türen gleiten langsam auseinander und warmes Licht strömt heraus. Sie spüren eine Verbindung zwischen Ihrem Ajna und dem Licht. Gelassen und voller Vertrauen gehen Sie auf das Licht zu und betreten die Kabine. Eine wohlige Wärme umgibt Sie, während sich die Türen schließen und der Aufzug sich in Bewegung setzt. Sie spüren die sanfte Vibration des Aufzugs, wenn er sich nach oben bewegt und Ihre Seele auf eine neue Ebene transportiert.

Sie fühlen, wie sich Ihre Energie verändert und Sie in eine höhere Schwingungsebene gebracht werden, je höher der Aufzug steigt. Eine tiefe Ruhe und Frieden ergreifen Besitz von Ihrem Körper und Geist, während Sie sich auf die kommende neue Erfahrung einlassen.

Sobald Sie sich bereit fühlen, erreichen Sie den fünften Stock und die Türen öffnen sich. Sie verlassen den Aufzug und genießen den Anblick einer wunderschönen Bibliothek. Die Regale sind voller Bücher und Sie bemerken die Details auf jedem einzelnen Regal. Sie fühlen die Präsenz der geistigen Führung und des höheren Selbst, während Sie offen und voller Neugier durch die Reihen der Bücher gehen.

Die Bücher in der Bibliothek enthalten alle Informationen, die Sie benötigen, um Antworten auf Ihre Fragen zu finden.

Sie spüren die Energie dieser Bibliothek und wissen, dass sie ein Ort der Heilung, der Weisheit und der Transformation ist.

Nehmen Sie sich Zeit, um die Bibliothek zu erkunden und die Informationen zu sammeln, die Sie benötigen. Lassen Sie sich von Ihrer Intuition leiten, während Sie zwischen den Regalen entlang schreiten. Das richtige Buch und seine Antworten warten auf Sie.

Während Sie sich in der Bibliothek umsehen, spüren Sie, wie die Liebe und die Unterstützung Ihres spirituellen Teams und Ihres höheren Selbst Sie umgeben. Sie fühlen sich sicher und geborgen in diesem heiligen Raum der Weisheit und des Wissens. Überall um Sie herum sehen Sie Regale voller Bücher, aber es gibt auch zahlreiche Computerstationen, an denen Sie Ihre Fragen eingeben können.

Sie nähern sich einem der Computer und setzen sich an den Schreibtisch. Der Bildschirm vor Ihnen ist groß und klar und strahlt eine warme, sanfte Leuchtkraft aus. Sie tippen Ihre Frage ein und warten auf die Antwort. Plötzlich erscheint ein Bildschirm voller Text vor Ihnen. Sie lesen die Worte langsam und aufmerksam und lassen sie auf sich wirken. Sie spüren, wie das Wissen in Sie eindringt und sich in Ihrem Inneren verankert.

Sie beschließen, sich weiter umzusehen und sich auf die Suche nach weiteren Antworten zu begeben. Sie spazieren zwischen den Regalen hindurch und nehmen die Bücher in die Hand. Sie spüren die Energie, die von den Seiten ausgeht, und wissen, dass jedes Buch, das Sie aufnehmen, eine bestimmte Weisheit in sich birgt.

Ein ganz besonderes Buch erregt Ihre Aufmerksamkeit. Auch wenn Sie nicht genau sagen können, woran es liegt, spüren Sie ganz deutlich die Anziehungskraft und ziehen es aus dem Regal. Sie halten es einen Augenblick in Ihren Händen und formulieren deutlich Ihre Frage. Dann schlagen Sie das Buch auf und die Antworten formen sich langsam vor Ihren Augen auf den Seiten. Es kann auch sein, dass die Seiten ein warmes Licht abgeben, das in Ihren Körper strömt und Ihr Innerstes mit Antworten füllt.

Schließlich beschließen Sie, sich zurückzuziehen und die Bibliothek zu verlassen. Sie wissen, dass Sie jederzeit wieder hierher zurückkehren können, um mehr Wissen und Weisheit zu erlangen. Sie verlassen die Bibliothek und machen sich auf den Weg zum Aufzug, der Sie zurück in die dritte Dimension bringt.

Während Sie den Aufzug hinunterfahren, spüren Sie, wie Sie wieder in Ihre gewohnte Wahrnehmung zurückkehren. Sie spüren, wie sich Ihr Körper langsam wieder auf die dritte Dimension ausrichtet. Aber Sie fühlen auch eine tiefe Verbindung zu Ihrer spirituellen Reise und wissen, dass Sie nun mehr Wissen und Weisheit haben, um Ihre Reise fortzusetzen.

Die Aufzugtüren öffnen sich und mit ihnen Ihre Augen. Nehmen Sie sich Zeit, sich in Ihrem Körper und Ihrer gewohnten Umgebung zurechtzufinden.

Als Nächstes schreiben Sie Ihre Erfahrungen auf und reflektieren über das, was Sie gelernt haben. Überlegen Sie, welche Schritte Sie als Nächstes unternehmen werden, um Ihre spirituelle Reise fortzusetzen. Gehen Sie dann zum Schlussgebet über, um sich zu bedanken.

SCHLUSSGEBET

Auch das nun folgende Gebet soll als Anregung und Inspiration dienen.

> Göttliche Weisheit, ich danke dir für deine Liebe und Unterstützung während dieser Lesung der Akasha Chronik. Ich danke meinem spirituellen Team für seine Anwesenheit und seine Führung.
>
> Möge die Weisheit, die ich in dieser Lesung erhalten habe, meine Seele nähren und mich auf meinem spirituellen Weg voranbringen. Möge ich die Kraft und die Einsichten aus dieser Erfahrung nutzen, um in Harmonie mit meiner höchsten Bestimmung zu leben.
>
> Ich verabschiede mich von der Akasha Chronik und meinem spirituellen Team mit Liebe und Dankbarkeit. Ich bringe meinen Geist und mein Herz zurück in den Alltag und lasse diese Erfahrung in mein Leben integrieren.
>
> So sei es.

Heilung und Akasha

DIE AKASHA-PHILOSOPHIE DER HEILUNG

Wenn es um Heilung geht, kann die Akasha Chronik ein wertvolles Werkzeug sein. Die Philosophie der Heilung in der Akasha Chronik basiert auf der Idee, dass es möglich ist, das Potenzial zur Heilung zu entfalten, indem man auf die Energie der Chronik zugreift.

Die Akasha Chronik bietet ein tiefgreifendes Verständnis für die Ursachen von Krankheit und Leid. Sie zeigt uns, dass körperliche und mentale Krankheiten oft eine Folge von blockierten Emotionen, traumatischen Erfahrungen oder karmischen Mustern sind, die in früheren Leben entstanden sind. Durch die Verbindung mit der Akasha Chronik und die Arbeit mit Ihrem spirituellen Team können Sie tief in die Wurzeln Ihrer Krankheit eintauchen und die nötigen Schritte unternehmen, um die Heilung zu fördern.

Das sagt die moderne Forschung
Blockierte Emotionen und traumatische Erfahrungen können tatsächlich physische und mentale Krankheiten auslösen. Die moderne Forschung zeigt, dass ungelöste emotionale Wunden den Körper belasten und das Immunsystem schwächen können. Auf diese Weise können Krankheiten entstehen oder sich verschlimmern.

Eine Studie, die in der Zeitschrift Psychosomatic Medicine veröffentlicht wurde, fand heraus, dass Menschen, die chronischen Stress erleben, ein höheres Risiko für körperliche Krankheiten wie Herzerkrankungen, Diabetes und Krebs haben. Dies liegt daran, dass Stresshormone wie Cortisol das Immunsystem unterdrücken und die Entzündungsreaktionen im Körper verstärken können.

Auch die psychologische Forschung zeigt, dass traumatische Erfahrungen langfristige Auswirkungen auf die psychische Gesundheit haben können. Menschen, die traumatische Ereignisse erlebt haben, können an posttraumatischen Belastungsstörungen (PTBS) leiden, die mit Symptomen wie Angstzuständen, Depressionen und Schlafstörungen verbunden sind.

Dies kann durch verschiedene Techniken und Praktiken erfolgen, wie zum Beispiel Meditation, Energiearbeit, Hypnose und spirituelle Beratung. Durch die Verbindung mit unserem spirituellen Team und der Akasha Chronik können wir auch von der Weisheit und Unterstützung unserer geistigen Führung profitieren, um unsere Heilung zu begünstigen.

Anerkennung und Akzeptanz dessen, was ist, ist ein wichtiger Aspekt der Akasha-Heilung. Anstatt zu versuchen, Schmerz oder Leid zu verdrängen oder zu ignorieren, ist es wichtig, sich diesen Erfahrungen zu stellen und sie anzunehmen. Dies bedeutet nicht, dass Sie sich in Ihrem Schmerz oder Ihrer Krankheit einrichten sollen, sondern dass Sie sich erlauben, sie als Teil Ihrer Reise zu sehen und daraus zu lernen.

Der gegenwärtige Moment

Oft neigen wir dazu, uns in Sorgen oder Ängsten über die Zukunft oder in Bedauern der Vergangenheit zu verlieren. Indem wir uns jedoch auf den gegenwärtigen Moment konzentrieren und uns auf das Hier und Jetzt ausrichten, können wir uns auf unsere Heilung konzentrieren und uns von blockierten Emotionen und Mustern lösen. Es ist daher wichtig, die Gegenwart bewusst wahrzunehmen und anzunehmen. Die Akasha Chronik bietet uns einen direkten Zugang zu unseren vergangenen und zukünftigen Erfahrungen, jedoch ist es wichtig, dass wir uns nicht in diesen verlieren und uns auf die Gegenwart konzentrieren.

Wir können lernen, unsere negativen Gedanken und Emotionen zu beobachten, ohne in sie hineingezogen zu werden, und uns stattdessen auf positive Gedanken und Emotionen auszurichten, die unsere Gesundheit und unser Wohlbefinden unterstützen.

In diesem Sinne kann die Akasha-Heilung als ein Weg verstanden werden, um unsere Vergangenheit und Zukunft in Einklang zu bringen und uns auf den gegenwärtigen Moment auszurichten. So können wir uns auf unsere Heilung konzentrieren und uns von blockierten Emotionen und Mustern lösen.

Chakren

Das Verständnis der Energiezentren oder Chakren des Körpers ist eine weitere wichtige Komponente in der Akasha-Heilung. Jedes Chakra ist mit einem bestimmten körperlichen und emotionalen Aspekt verbunden und kann bei Blockaden oder Dysfunktionen beeinträchtigt werden. Die sieben Hauptchakren sind das Wurzelchakra, Sakralchakra, Solarplexuschakra, Herzchakra, Halschakra, Stirnchakra und Kronenchakra.

Zur Erinnerung:
Das Wurzelchakra ist das Fundament für die körperliche Existenz und ist mit der Erde und unserem Überlebenstrieb verbunden. Das Sakralchakra ist mit unserer Sinnlichkeit und Kreativität verbunden. Das Solarplexuschakra steht für Macht und Willenskraft. Das Herzchakra ist der Mittelpunkt und steht für Liebe und Mitgefühl. Das Halschakra steht für Kommunikation und Wahrheit. Das Stirnchakra ist mit Intuition und Einsicht verbunden, während das Kronenchakra die höchste Ebene der Spiritualität und der Verbindung zum Göttlichen symbolisiert.

Wenn eines dieser Chakren blockiert oder dysfunktional ist, kann dies zu körperlichen oder emotionalen Beschwerden führen. Durch die Arbeit mit der Chronik und Ihrem spirituellen Team können Sie die Chakren ausgleichen und reinigen, um die Heilung zu unterstützen. Eine Möglichkeit, dies zu tun, besteht darin, Meditation und Visualisierungstechniken zu nutzen, um den Energiefluss zu verbessern. Eine effektive Methode ist die Verwendung von Farben und Licht, um jedes Chakra zu stimulieren und zu aktivieren. Zum Beispiel können Sie sich während der Meditation auf das Wurzelchakra konzentrieren und sich dabei auf die Farbe Rot oder auf ein rotes Licht fokussieren. Durch diese Konzentration wird die Energie aktiviert und das Chakra geöffnet.

Sie können auch Klang und Ton verwenden, um die Chakren zu stimulieren. Sie können beispielsweise ein Mantra wiederholen, das mit jedem Chakra verbunden ist, oder eine spezielle Tonfrequenz verwenden, um den Energiefluss zu verbessern.

Es ist wichtig, zu beachten, dass eine regelmäßige Arbeit mit den Chakren ein wichtiger Teil der Akasha-Heilung sein kann. Es ist ein fortlaufender Prozess, der Zeit und Hingabe erfordert, um die Energiezentren zu aktivieren und in Balance zu halten.

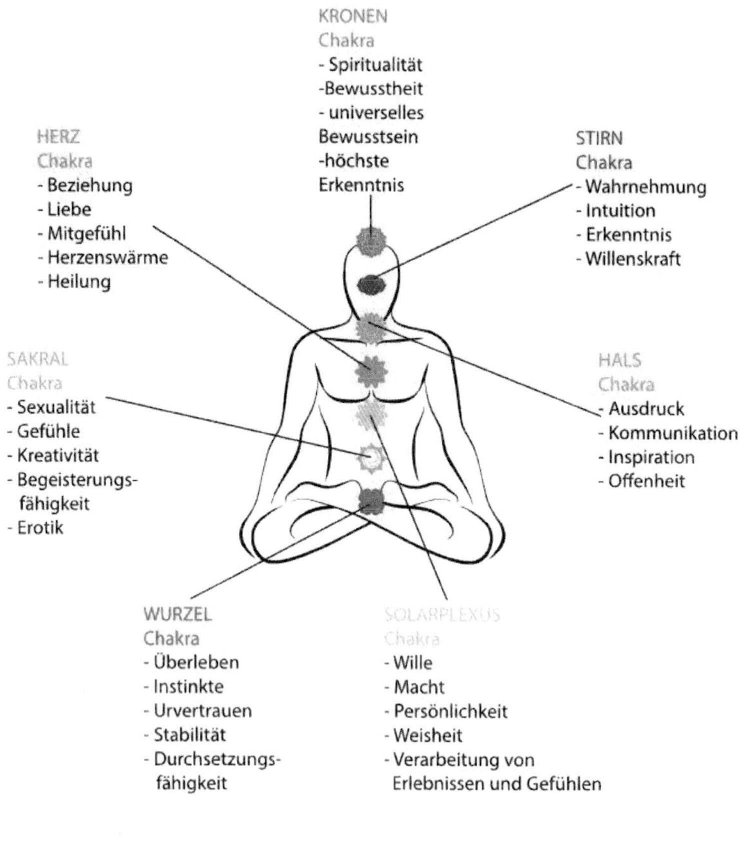

Ein Teil des Plans

Eine wichtige Voraussetzung für die Heilung mit der Akasha Chronik ist das Verständnis, dass alle Erfahrungen, sowohl positive als auch negative, Teil unseres Seelenplans sind. Jede Herausforderung, die wir erleben, dient einem höheren Zweck und birgt eine Chance zur spirituellen Entwicklung und Heilung in sich. Wenn wir lernen, die Botschaften hinter unseren Herausforderungen zu verstehen und ihnen mit einer offenen, liebevollen Haltung zu begegnen, können wir sie als Werkzeuge zur Heilung nutzen. Jede Herausforderung, die wir im Leben erfahren, ist Teil unseres Seelenplans und dient einem höheren Zweck. Obwohl wir oft versuchen, uns vor Schmerz und Leid zu schützen, sind es oft gerade diese Erfahrungen, die uns am meisten Wachstum und Erkenntnis bringen. Eine Haltung der Offenheit und Akzeptanz erlaubt es uns auch, in tiefere Schichten unserer Seele und unseres Bewusstseins einzudringen. Wir können uns von unseren Ängsten und Blockaden lösen und uns für die transformative Kraft der Akasha Chronik öffnen.

Verantwortung

Die Heilung mit der Akasha Chronik erfordert deshalb auch die Bereitschaft, Verantwortung für unsere eigenen Erfahrungen und unser eigenes Leben zu übernehmen. Wir müssen bereit sein, unsere eigenen Anteile an den Herausforderungen zu erkennen und uns selbst zu vergeben, um uns von den blockierten Emotionen und Mustern zu lösen. Dies erfordert ein hohes Maß an Ehrlichkeit und Selbsterkenntnis. Wir müssen uns erlauben, unsere tiefsten Schatten und Ängste zu erforschen und uns gleichzeitig daran zu erinnern, dass wir auch die Fähigkeit haben, uns von diesen Schatten zu lösen und uns in Richtung des Lichts und der Heilung zu bewegen. Indem wir uns auf diese Weise auf unsere Heilung konzentrieren, können wir uns mit der Kraft der Akasha Chronik verbinden und uns von unseren karmischen Mustern und blockierten Emotionen lösen. Wir können unsere Vergangenheit heilen und uns auf eine neue Zukunft ausrichten, die von Liebe, Mitgefühl und Wachstum geprägt ist.

Gedanken und Überzeugungen

Ein weiterer Ansatz ist es, unsere Gedanken und Überzeugungen zu untersuchen. Unsere Gedanken und begrenzenden Überzeugungen können uns daran hindern, uns zu heilen und unsere höchsten Potentiale zu erreichen. Durch die Untersuchung und Veränderung unserer Gedanken und Überzeugungen können wir unsere Energie und unsere Schwingung erhöhen und so einen Raum für Heilung und Wachstum schaffen.

Unsere Gedanken und Überzeugungen beeinflussen maßgeblich unsere Realität und können sich sowohl positiv als auch negativ auf unser Leben auswirken. Daher ist es wichtig, sich bewusst zu werden, welche Gedankenmuster und Überzeugungen wir haben und wie sie unsere Erfahrungen beeinflussen.

Eine Möglichkeit, um unsere Gedanken und Überzeugungen zu untersuchen, ist die Praxis der Achtsamkeit. Indem wir uns bewusst auf den gegenwärtigen Moment konzentrieren und unsere Gedanken und Emotionen beobachten, können wir uns bewusst werden, welche Gedankenmuster und Überzeugungen uns beeinflussen.

Eine weitere Möglichkeit ist es, Tagebuch zu führen. Indem wir unsere Gedanken und Überzeugungen aufschreiben, können wir sie reflektieren und erkennen, welche Überzeugungen uns möglicherweise daran hindern, uns zu heilen und zu wachsen.

In diesem Zusammenhang ist es auch hilfreich, sich Fragen zu stellen und aufzuschreiben, die uns dabei helfen können, unsere Überzeugungen zu untersuchen und zu verändern. Zum Beispiel können wir uns fragen, welche Überzeugungen uns daran hindern, uns zu heilen und zu wachsen. Oder wir können uns fragen, welche Überzeugungen wir haben, die uns nicht mehr dienlich sind und die wir gerne verändern möchten.

Liebe und Mitgefühl

Liebe und Mitgefühl uns selbst gegenüber sind auch ein Schlüsselaspekt. Oft sind wir sehr hart zu uns selbst und kritisieren uns selbst für unsere Fehler und Schwächen. Wenn wir jedoch lernen, uns mit Liebe und Mitgefühl zu behandeln und uns selbst zu akzeptieren, wie wir sind, können wir uns auf eine tiefere Ebene der Heilung begeben.

Dies kann eine große Herausforderung sein, besonders wenn Sie sich aufgrund Ihrer Schwächen oder Fehler verurteilen. Es ist jedoch wichtig, zu verstehen, dass jeder Mensch unvollkommen ist und dass Fehler und Schwächen Teil unseres menschlichen Seins sind.

Einer der ersten Schritte, um sich selbst besser mit Liebe und Mitgefühl zu behandeln, ist es, sich selbst zu akzeptieren, wie Sie sind. Sie müssen lernen, sich so zu akzeptieren, wie Sie sind, mit all Ihren Fehlern und Schwächen. Anstatt sich auf das zu konzentrieren, was Sie nicht können oder nicht erreicht haben, sollten Sie sich auf Ihre Stärken und Errungenschaften konzentrieren. Sie sollten sich immer daran erinnern, dass Sie einzigartig sind und dass wir alle unsere eigenen Fähigkeiten und Talente haben.

Üben Sie Vergebung und Nachsichtigkeit mit sich selbst. Wenn Menschen Fehler machen, neigen viele dazu, sich selbst dafür zu bestrafen. Sie können sich selbst stundenlang Gedanken darüber machen, was Sie falsch gemacht haben, und sich immer wieder Vorwürfe machen. Dies führt oft dazu, dass Sie sich schlecht fühlen und Ihre Energie und Ihr Selbstwertgefühl negativ beeinflusst werden. Indem Sie sich selbst vergeben und sich erlauben, Fehler zu machen, können Sie sich von diesem negativen Kreislauf befreien und Ihren Geist und Körper auf Heilung ausrichten.

Zu guter Letzt: Vergessen Sie nicht, sich selbst auch mal zu verwöhnen. Indem Sie sich Zeit nehmen, sich etwas Gutes zu tun, können Sie Ihre Energie erhöhen und Ihre Schwingung auf eine höhere Ebene bringen. Dies kann auch dazu beitragen, Ihren Geist und Körper in einen Zustand der Heilung und Regeneration zu bringen.

Eine Reise, die sich lohnt

Heilung ist eine Reise, die uns auf eine tiefere Ebene unseres Seins führen kann. Es ist ein Prozess der Transformation, der uns herausfordert, uns mit unseren Schmerzen, Ängsten und Unsicherheiten auseinanderzusetzen. Es erfordert, dass wir uns auf eine tiefere Ebene von Bewusstsein einlassen und uns den Herausforderungen stellen, die uns begegnen.

Die Akasha Chronik kann uns auf dieser Reise begleiten und uns helfen, unsere Blockaden zu lösen, unsere Energien zu erhöhen und unsere Schwingungen zu verbessern. Es kann uns auch helfen, unsere Gedanken und Überzeugungen zu untersuchen, unsere Vergangenheit und unser Karma zu heilen und uns in einer liebevollen und mitfühlenden Weise zu behandeln.

Es ist jedoch wichtig, zu betonen, dass Heilung ein Prozess ist, der Zeit und Engagement erfordert. Es gibt keine schnelle Lösung oder magische Pille, die alle Probleme auf einmal lösen kann. Vielmehr erfordert Heilung Geduld, Ausdauer und die Bereitschaft, uns selbst auf eine tiefere Ebene zu begeben.

Aber der Aufwand lohnt sich. Durch Heilung können wir unser volles Potenzial entfalten, uns in unseren Beziehungen und Karrieren verbessern und unser Leben mit mehr Freude und Erfüllung füllen. Mit der Akasha Chronik als Werkzeug und unserer eigenen Entschlossenheit können wir einen Weg zu einem gesünderen und glücklicheren Leben ebnen. Haben Sie den Mut, sich auf Ihre eigene Heilungsreise zu begeben, Ihre eigene Verbindung zur Akasha Chronik zu erkunden und sich auf eine tiefere Ebene von Bewusstsein einzulassen. Möge dieser Prozess Sie zu größerem Wohlbefinden, Glück und innerem Frieden führen.

DER POSITIVE ENERGIEFLUSS

Der positive Energiefluss ist ein Zustand, in dem sich Ihre Energie und Ihre Schwingung auf einem hohen und harmonischen Niveau befinden. Wenn Sie sich mit der Akasha Chronik verbinden und Ihr spirituelles Team um Unterstützung bitten, können Sie in einen Zustand des positiven Energieflusses eintreten.

In diesem Zustand sind Ihre Gedanken und Emotionen in Einklang mit Ihrem höheren Selbst und Ihrem spirituellen Wachstum. Sie fühlen sich inspiriert, motiviert und zuversichtlich in Bezug auf Ihre Ziele und Träume. Ihre Beziehungen sind erfüllend und Ihre körperliche Gesundheit ist optimal.

Der positive Energiefluss ist eng mit dem Gesetz der Anziehung verbunden, das besagt, dass Sie das anziehen, was Sie ausstrahlen. Wenn Sie sich auf positive Gedanken und Emotionen konzentrieren und sich auf Ihre Ziele ausrichten, ziehen Sie auch positive Erfahrungen, Beziehungen und Ereignisse in Ihr Leben.

Exkurs:

Das Gesetz der Anziehung und seine Anwendung

Das Gesetz der Anziehung besagt, dass wir das in unser Leben ziehen, worauf wir unsere Aufmerksamkeit und Energie richten. Wenn Sie Ihren Fokus auf positive Gedanken und Emotionen legen, ziehen Sie auch positive Menschen und Ereignisse in Ihr Leben. Wenn Sie sich jedoch auf negative Dinge fokussieren, ziehen Sie auch negative Erfahrungen und Beziehungen an.

Das Gesetz der Anziehung kann durch die Konzentration auf positive Ziele und Träume sowie durch die Visualisierung des Erreichens dieser Ziele angewendet werden. Außerdem ist es wichtig, sich auf positive Gedanken und Emotionen auszurichten, indem man sich auf positive Affirmationen und Überzeugungen konzentriert und sich von negativen Gedanken und Emotionen löst. Eine tägliche Praxis der Dankbarkeit kann ebenfalls helfen, das Gesetz der Anziehung zu unterstützen.

Es ist jedoch wichtig, zu beachten, dass das Gesetz der Anziehung nicht bedeutet, dass wir uns einfach zurücklehnen und warten, dass sich positive Dinge in unserem Leben von selbst manifestieren. Wir müssen immer noch aktiv handeln und Schritte unternehmen, um unsere Ziele zu erreichen und unsere Träume zu verwirklichen. Aber wenn wir unsere Energie auf positive Weise ausrichten und das Gesetz der Anziehung anwenden, können wir unser Leben auf eine tiefere Ebene des Glücks, der Erfüllung und des Erfolgs führen. Wie Sie dabei vorgehen können, erfahren Sie nachfolgend.

- **Klarheit schaffen:** Definieren Sie genau, was Sie in Ihrem Leben wollen. Schreiben Sie Ihre Ziele auf und stellen Sie sich vor, wie es sich anfühlen würde, sie bereits erreicht zu haben. Visualisieren Sie sich selbst in dieser Situation und fühlen Sie das Glück und die Erfüllung.
- **Glauben und positive Energie:** Entwickeln Sie einen positiven Glauben an Ihre Fähigkeit, Ihre Ziele zu erreichen. Konzentrieren Sie sich auf positive Gedanken und Emotionen und umgeben Sie sich mit positiver Energie. Vermeiden Sie negative Menschen und Situationen.
- **Affirmationen:** Verwenden Sie positive Affirmationen, um Ihre Überzeugungen zu stärken. Wiederholen Sie diese Affirmationen täglich und stellen Sie sich mental darauf ein, dass Ihre Wünsche bereits erfüllt sind.
- **Handlung:** Ergreifen Sie konkrete Maßnahmen, um Ihre Ziele zu erreichen. Setzen Sie sich realistische Ziele und entwickeln Sie einen Aktionsplan, um sie zu erreichen. Verfolgen Sie Ihre Fortschritte und passen Sie Ihren Plan gegebenenfalls an.
- **Dankbarkeit:** Üben Sie Dankbarkeit für das, was Sie bereits haben, und für das, was Sie erreicht haben. Konzentrieren Sie sich auf die positiven Aspekte Ihres Lebens und auf das, was Sie bereits erreicht haben. Dankbarkeit trägt dazu bei, eine positive Energie und Schwingung aufrechtzuerhalten.

Es ist wichtig, zu verstehen, dass dieser Zustand nicht nur auf bestimmte Aspekte Ihres Lebens beschränkt ist, sondern sich auf alle Bereiche Ihres Lebens auswirkt. Sie können sich in diesem Zustand auf Ihren Beruf, Ihre Finanzen, Ihre kreativen Projekte und alle anderen Aspekte Ihres Lebens ausrichten. Nachfolgend finden Sie zwei Übungen, die Ihren positiven Energiefluss aktivieren können.

Übung:

Dankbarkeitsmeditation

Die Audio-Datei zu dieser Übung finden Sie im Bonusteil

Suchen Sie einen ruhigen und bequemen Ort, an dem Sie sich entspannen können. Setzen Sie sich bequem hin oder legen Sie sich hin und schließen Sie Ihre Augen.

Atmen Sie tief ein und aus, um sich zu entspannen und zur Ruhe zu kommen. Lassen Sie alle Gedanken und Sorgen des Tages los.

Richten Sie Ihre Aufmerksamkeit auf Ihre Atmung. Fühlen Sie, wie der Atem in Ihren Körper fließt sowie Ihre Lunge ausdehnt und wieder zusammenzieht.

Stellen Sie sich nun vor, dass sich in Ihrem Herzen ein Funke der Dankbarkeit entzündet. Dieser Funke beginnt, zu leuchten, und wärmt Ihr Herz mit einer angenehmen Energie.

Rufen Sie nun in Gedanken Menschen, Orte oder Dinge auf, für die Sie dankbar sind. Sehen Sie die Bilder dieser Personen oder Gegenstände vor Ihrem geistigen Auge und spüren Sie, wie sich Ihr Herz öffnet und Ihre Energie positiv fließt.

Stellen Sie sich nun vor, wie sich diese Dankbarkeit von Ihrem Herzen aus in Ihrem ganzen Körper ausbreitet. Fühlen Sie, wie die positive Energie Ihren Körper durchströmt und jeden Teil davon belebt und stärkt.

Atmen Sie nun tief ein und aus und spüren Sie, wie sich Ihre Dankbarkeit und Ihre Energie immer weiter ausdehnen und sich mit der Welt um Sie herum verbinden.

Wiederholen Sie diesen Prozess jeden Tag und lassen Sie Ihre Dankbarkeit und Energie wachsen. Spüren Sie, wie Ihr Leben von positiver Energie und Dankbarkeit erfüllt wird.

Wenn Sie bereit sind, öffnen Sie langsam Ihre Augen und nehmen Sie sich einen Moment Zeit, um sich zu orientieren und wieder ins Hier und Jetzt zu kommen.

Übung:

Erfolgsvisualisierung

Die Audio-Datei zu dieser Übung finden Sie im Bonusteil

Suchen Sie einen ruhigen und entspannten Ort, an dem Sie sich wohl fühlen und sich konzentrieren können.

Setzen Sie sich bequem hin oder legen Sie sich hin und schließen Sie die Augen.

Atmen Sie tief ein und aus und lassen Sie Ihren Körper entspannen.

Stellen Sie sich nun vor, wie Sie Ihre Ziele und Träume erreichen. Visualisieren Sie sich selbst dabei, wie Sie dieses Ziel erreichen, und spüren Sie, wie es sich anfühlt.

Verwenden Sie dabei alle Sinne: Welche Farben, Geräusche und Gerüche nehmen Sie wahr? Wie fühlt sich die Umgebung an? Ganz wichtig: Wie fühlen Sie sich dabei?

Lassen Sie sich von Ihren Emotionen leiten. Spüren Sie die Freude, das Glück und die Dankbarkeit, die mit der Erfüllung Ihrer Ziele und Träume einhergehen.

Bleiben Sie so lange bei der Visualisierung, wie es sich für Sie richtig anfühlt. Wenn Ihre Gedanken abschweifen, kehren Sie einfach zu Ihrem Ziel zurück und konzentrieren Sie sich erneut auf die Emotionen, die es hervorruft.

Wenn Sie bereit sind, öffnen Sie langsam die Augen und nehmen Sie sich noch einen Moment Zeit, um Ihre Erfahrungen zu verarbeiten.

Visualisierungsmeditationen können helfen, Ihren Geist auf positive Weise zu programmieren und Ihre Energie auf Ihre Ziele auszurichten.

Durch die Arbeit mit der Akasha Chronik und die Konzentration auf Ihren positiven Energiefluss können Sie Ihre Ziele und Träume verwirklichen. Es erfordert jedoch eine bewusste und regelmäßige Praxis, um Ihren Geist und Ihren Körper auf diesen Zustand auszurichten und zu erhalten.

Wenn Sie sich auf positive Gedanken und Emotionen konzentrieren, Ihre Ziele und Träume ausrichten und sich mit der Akasha Chronik verbinden, können Sie Ihr Leben auf eine tiefere Ebene des Glücks, der Erfüllung und des Erfolgs führen.

ENERGIE SENDEN

Das Bündeln von Energien und der Austausch mit anderen können mächtige Werkzeuge sein, um das eigene spirituelle Wachstum und das Wohlbefinden anderer zu fördern. Es geht darum, die eigene Energie auf eine höhere Ebene zu bringen, indem man sich mit anderen verbindet und sich gegenseitig unterstützt.

Machen Sie sich zunächst bewusst, dass wir alle miteinander verbunden sind und dass unsere Energien miteinander interagieren. Es ist wichtig, zu verstehen, dass Sie selbst Energie sind und dass diese Energie sowohl positive als auch negative Auswirkungen auf Sie und Ihre Umgebung haben kann.

Um Energien zu bündeln und auszutauschen, ist es wichtig, Ihre eigene Energie zunächst auf eine höhere Ebene zu bringen, also Ihre Energie zu erhöhen und sich auf positive Gedanken und Emotionen auszurichten. Im Kapitel "Der positive Energiefluss" finden Sie Übungen dafür.

Sobald Sie Ihre eigene Energie erhöht haben, können Sie sich mit anderen verbinden und Ihre Energien zusammenführen. Dies kann durch gemeinsame Aktivitäten wie Meditation, Gebet oder auch einfach nur durch Gespräche und den Austausch von positiven Gedanken und

Emotionen erfolgen. Am Ende dieses Kapitels finden Sie zwei Übungen zu diesem Zweck.

Während des Energieaustauschs ist es wichtig, eine offene und positive Einstellung zu haben und sich auf das Positive zu konzentrieren. Es geht darum, sich gegenseitig zu unterstützen und auf eine höhere Ebene des Bewusstseins zu bringen. Durch den Austausch von positiver Energie können Sie nicht nur Ihr eigenes spirituelles Wachstum fördern, sondern auch das Wohlbefinden anderer verbessern.

Achten Sie jedoch darauf, dass Sie Ihre eigenen Energieressourcen nicht erschöpfen, indem Sie sich zu sehr auf andere konzentrieren. Sie müssen lernen, Ihre eigene Energie aufzufüllen und sich selbst zu pflegen, bevor Sie sich mit anderen verbinden und Ihre Energien zusammenführen.

Übung:

Partnermeditation

Die Audio-Datei zu dieser Übung finden Sie im Bonusteil

Finden Sie einen bequemen und ruhigen Ort für die Meditation. Es kann ein Raum in Ihrem Zuhause oder ein ruhiger Ort im Freien sein.

Setzen Sie sich in einer entspannten Position gegenüber Ihrem Partner hin. Sie können sich im Schneidersitz auf einem Kissen oder Stuhl gegenübersitzen oder auf einer Decke im Freien.

Schließen Sie Ihre Augen und atmen Sie tief ein und aus, um sich zu entspannen. Lassen Sie alle Gedanken und Sorgen des Tages los.

Stellen Sie sich vor, dass Sie eine Energieverbindung mit Ihrem Partner haben. Visualisieren Sie, wie sich eine goldene Schnur von Ihrem Herzen zum Herzen Ihres Partners erstreckt und eine Verbindung herstellt.

Atmen Sie gemeinsam ein und aus, während Sie Ihre Aufmerksamkeit auf Ihre Herzen richten. Stellen Sie sich vor, wie Ihre Herzen miteinander verschmelzen und im Takt schlagen.

Stellen Sie sich vor, dass Sie eine warme, goldene Energie in Ihr Herz aufnehmen. Spüren Sie, wie diese Energie durch Ihre Adern fließt und Ihren Körper mit Wärme und Liebe erfüllt.

Stellen Sie sich vor, wie Sie diese Energie durch die goldene Schnur zu Ihrem Partner senden. Spüren Sie, wie Ihre Energie seine Energie verstärkt und seine Seele nährt.

Setzen Sie sich in dieser Verbindung so lange fort, wie Sie möchten. Spüren Sie die Wärme und Liebe, die zwischen Ihnen und Ihrem Partner fließen.

Wenn Sie bereit sind, beenden Sie die Meditation langsam, indem Sie Ihre Augen öffnen und sich ein paar Minuten Zeit nehmen, um sich zu entspannen und wieder in die Welt um Sie herum einzutauchen.

Bedanken Sie sich bei Ihrem Partner für die gemeinsame Meditation und für den Energieaustausch.

Übung:

Energiekreis

Die Audio-Datei zu dieser Übung finden Sie im Bonusteil

Schließen Sie die Augen und stellen Sie sich einen Kreis vor, der aus Menschen besteht, die alle positive Energie ausstrahlen. Sie sind Teil dieses Kreises und spüren, wie Ihre Energie mit jeder Sekunde stärker und positiver wird.

Stellen Sie sich vor, dass Sie in der Mitte des Kreises stehen und die Energie von allen um Sie herum empfangen. Atmen Sie tief ein und spüren Sie, wie die Energie durch Ihre Füße in Ihren Körper strömt.

Nehmen Sie sich einen Moment Zeit, um sich bewusst zu werden, wie Sie sich fühlen. Spüren Sie, wie Ihre Energie steigt und wie Sie sich von Minute zu Minute stärker und positiver fühlen.

Jetzt ist es an der Zeit, Ihre Energie mit anderen zu teilen. Stellen Sie sich vor, dass Sie die Energie durch Ihre Arme und Hände ausstrahlen und sie den Menschen um Sie herum geben. Sie spüren, wie Ihre Energie auf sie übergeht und ihre Energie auch in Sie fließt.

Atmen Sie tief ein und lassen Sie die Energie frei fließen, während Sie sich im Kreis bewegen. Spüren Sie, wie Ihre Energie mit jedem Atemzug stärker und positiver wird, während Sie sich mit der Energie Ihrer Partner verbinden.

Nehmen Sie sich einen Moment Zeit, um die Energie und die Verbindung mit Ihren Partnern zu genießen. Spüren Sie, wie Sie Teil einer Gemeinschaft von Menschen sind, die positive Energie ausstrahlen und sich gegenseitig unterstützen.

Atmen Sie tief ein und visualisieren Sie den Energiekreis, der Sie umgibt, und die Menschen, die Teil davon sind. Spüren Sie, wie Ihre Energie mit jeder Sekunde stärker und positiver wird und wie Sie Teil eines größeren Ganzen sind.

Wenn Sie bereit sind, öffnen Sie langsam Ihre Augen und nehmen Sie das Gefühl von positiver Energie und Verbindung mit in Ihren Alltag.

ERNÄHRUNG

Um Ihre Gesundheit und Ihr Wohlbefinden zu steigern, spielt die Ernährung eine wichtige Rolle. Eine ausgewogene und gesunde Ernährung kann die körperliche und geistige Leistungsfähigkeit erhöhen und zu einem gesunden Lebensstil verhelfen.

In diesem Kapitel möchten wir Ihnen die Ayurveda-Ernährung näherbringen. Die Ayurveda-Heilkunst aus Indien ist schon seit Jahrtausenden bekannt und betrachtet den Körper als eine Einheit aus Körper, Geist und Seele. Das Ziel der Ayurveda-Ernährung ist es, den Körper mit allen notwendigen Nährstoffen zu versorgen und ein Gleichgewicht zwischen den Körperenergien (Doshas) herzustellen.

Da jeder Mensch ein individuelles Wesen mit unterschiedlichen Bedürfnissen ist, gibt es im Ayurveda keine allgemeingültige Diät. Stattdessen wird darauf geachtet, welche Nahrungsmittel zu welchem Dosha-Typ passen.

In den folgenden Abschnitten möchten wir Ihnen die Grundlagen der Ayurveda-Ernährung näherbringen und Ihnen praktische Tipps geben, wie Sie diese in Ihren Alltag integrieren können.

Im Ayurveda wird Essen nicht nur als Nahrungsaufnahme betrachtet, sondern als eine Form der Energieaufnahme. Es geht darum, die Energie in den Nahrungsmitteln zu nutzen und sie in unserem Körper in positive Energie umzuwandeln. Die Ernährung nach Ayurveda basiert auf dem Konzept der drei Doshas: Vata, Pitta und Kapha. Diese Doshas repräsentieren bestimmte körperliche und geistige Eigenschaften und beeinflussen unser Gesundheitsbild.

Exkurs:

Die drei Doshas

Vata ist die Körperenergie, die für Bewegung, Atmung und alle körperlichen Bewegungen verantwortlich ist. Vata ist auch für die Regulierung des Nervensystems und des Stoffwechsels zuständig. Menschen mit einem hohen Vata-Anteil sind meist kreativ, schnell im Denken und haben eine Vorliebe für Abenteuer. Wenn das Vata-Dosha jedoch zu stark ausgeprägt ist, können Nervosität, Unruhe und Schlafstörungen auftreten.

Pitta ist die Körperenergie, die für die Verdauung und den Stoffwechsel verantwortlich ist. Es reguliert auch die Körperwärme und die Hormone. Menschen mit einem hohen Pitta-Anteil sind meist zielorientiert, leidenschaftlich und haben eine Vorliebe für Wettbewerb. Wenn das Pitta-Dosha jedoch zu stark ausgeprägt ist, können Aggression, Reizbarkeit und Entzündungen auftreten.

Kapha ist die Körperenergie, die für die Struktur und das Wachstum des Körpers verantwortlich ist. Es reguliert auch den Flüssigkeitshaushalt und den Stoffwechsel. Menschen mit einem hohen Kapha-Anteil sind meist ruhig, ausgeglichen und haben eine Vorliebe für Routine. Wenn das Kapha-Dosha jedoch zu stark ausgeprägt ist, können Trägheit, Schweregefühl und eine erhöhte Anfälligkeit für Kapha-basierte Krankheiten auftreten.

Um eine individuelle Ernährung nach Ayurveda zu gestalten, ist es wichtig, die eigene Dosha-Konstitution zu kennen. Ein Ayurveda-Experte oder -Therapeut kann dabei helfen, die individuelle Konstitution zu bestimmen und eine entsprechende Ernährungsberatung durchzuführen. Die Ayurveda-Ernährung berücksichtigt diese individuelle Konstitution und gibt Empfehlungen, welche Nahrungsmittel und Gewürze die Balance der Doshas unterstützen und welche vermieden werden sollten, um eine harmonische Balance zu schaffen.

Eine Grundlage der ayurvedischen Ernährung ist es, frische und natürliche Lebensmittel zu bevorzugen. Es geht darum, den Körper mit den notwendigen Nährstoffen und Energiequellen zu versorgen und dabei auf eine ausgewogene Mischung aus Kohlenhydraten, Proteinen und gesunden Fetten zu achten. Eine ausgewogene Ernährung nach Ayurveda kann helfen, das Verdauungssystem zu unterstützen und Entzündungen und Krankheiten vorzubeugen.

Ein weiterer wichtiger Aspekt der ayurvedischen Ernährung ist es, auf die Qualität der Nahrungsmittel zu achten. Entscheiden Sie sich für Nahrungsmittel, die möglichst frei von Pestiziden und Chemikalien sind, und achten Sie auf eine nachhaltige und ökologische Produktion. Frische und saisonale Produkte haben dabei oft einen höheren Nährwert und sind daher zu bevorzugen.

Neben der Auswahl der richtigen Nahrungsmittel ist es auch wichtig, auf die richtige Art und Weise zu essen. Eine wichtige Regel der ayurvedischen Ernährung ist es, in Ruhe und ohne Ablenkung zu essen. Genießen Sie das Essen und konzentrieren Sie sich bewusst auf die Nahrungsaufnahme, um eine optimale Verdauung und Energieaufnahme zu gewährleisten.

Zusätzlich zur Ernährung können auch andere Ayurveda-Praktiken wie Yoga, Meditation und Massagen dazu beitragen, das Wohlbefinden und die Gesundheit zu verbessern. Es geht darum, Körper, Geist und Seele in Einklang zu bringen und ein ganzheitliches Gesundheitskonzept zu verfolgen.

POWER-TOOLS FÜR MÄNNLICHE ENERGIE

In diesem Kapitel möchten wir Ihnen einige sogenannte "Power Tools" vorstellen, die Ihnen dabei helfen können, Ihre männliche Energie zu stärken und zu nutzen. Dabei geht es darum, in Kontakt mit Ihrer inneren Kraft und Ihrem Potenzial zu treten und diese Energie gezielt einzusetzen. Eine starke männliche Energie kann Ihnen helfen, Herausforderungen im Leben besser zu meistern, Ihre Ziele zu erreichen und ein erfülltes Leben zu führen. Es geht dabei nicht um Überlegenheit oder Dominanz, sondern um eine gesunde und ausbalancierte Ausdrucksform der Männlichkeit. In den nächsten Abschnitten werden wir Ihnen einige Tools vorstellen, die Ihnen helfen können, Ihre männliche Energie zu stärken und zu nutzen.

Affirmationen zur Stärkung der männlichen Energie

- Ich bin stark, mutig und selbstbewusst.
- Ich nehme Herausforderungen an und meistere sie mit Leichtigkeit.
- Ich stehe zu meiner Meinung.
- Ich setze klare Grenzen und verteidige sie, um mich selbst zu schützen.
- Ich bin ein guter Führer und inspiriere andere, ihr Bestes zu geben.
- Ich zeige Mitgefühl und Verständnis, aber verliere dabei nicht meine Stärke.
- Ich vertraue meiner Intuition und treffe kluge Entscheidungen.
- Ich bin ein aktiver Gestalter meines Lebens und übernehme Verantwortung.
- Ich gehe Herausforderungen mit Optimismus und Entschlossenheit an.
- Ich achte auf meine körperliche und geistige Gesundheit, um immer energiegeladen zu sein.
- Ich vertraue meinen Fähigkeiten und habe Vertrauen in meine Ziele.
- Ich bleibe fokussiert auf meine Ziele, auch wenn es schwierig wird.
- Ich bin ein mächtiger Schöpfer und manifestiere das, was ich mir wünsche.
- Ich bin in der Lage, meine Gedanken und Emotionen zu kontrollieren und auf positive Weise zu lenken.
- Ich bin bereit, meine Komfortzone zu verlassen, um mein Potenzial zu entfalten und zu wachsen.

Gegenstände zur Stärkung der männlichen Energie

Es gibt eine Vielzahl von Gegenständen, die helfen können, die männliche Energie zu stärken und zu fördern. Hier sind einige Beispiele:

- Edelsteine wie Granat, Rubin und Tigerauge, die mit männlicher Energie verbunden sind und Selbstbewusstsein, Stärke und Mut fördern.
- Kriegerstatuen oder Bilder, die Stärke, Mut und Willenskraft symbolisieren und uns daran erinnern, unsere Ziele mit Entschlossenheit zu verfolgen.
- Bilder von Tieren wie Bären, Löwen oder Hirschen, die in vielen Kulturen als Symbole für Männlichkeit und Stärke gelten.
- Werkzeuge und Waffen wie Schwerter, Äxte oder Bögen, die symbolisch für den Kampfgeist und die Entschlossenheit des Mannes stehen.
- Naturmaterialien wie Leder, Holz oder Stein, die aufgrund ihrer Robustheit und Natürlichkeit eine Verbindung zur männlichen Energie herstellen können.
- Musikinstrumente wie Trommeln, Gitarren oder Flöten, die uns helfen können, unsere männliche Energie durch den kraftvollen Klang und Rhythmus zu aktivieren.
- Bücher und literarische Werke, die sich mit männlichen Themen wie Kampfgeist, Abenteuer, Selbstdisziplin und Selbstverbesserung beschäftigen.
- Sportausrüstung und -kleidung, die dazu beitragen kann, die Energie und das Selbstbewusstsein des Mannes zu stärken, indem er sich physisch herausfordert und sich selbst überwindet.
- Autos und Motorräder, die oft als Symbole für Männlichkeit, Stärke und Freiheit gelten.
- Bilder von Naturphänomenen wie Bergen, Wäldern oder Wasserfällen, die die Kraft und Schönheit der Natur widerspiegeln und uns daran erinnern können, dass wir Teil eines größeren Ganzen sind.
- Gegenstände, die mit bestimmten männlichen Archetypen wie dem Krieger, dem Entdecker oder dem Schöpfer in Verbindung stehen.
- Meditationssitzkissen oder Kissen mit symbolischen Mustern und Farben, die mit männlicher Energie in Verbindung stehen.

- Werkzeuge und Gegenstände, die die Produktivität und das Schaffen fördern, wie zum Beispiel Schreibgeräte, Zeichenutensilien oder Tischlampen.
- Bilder von berühmten Männern wie Schauspielern, Sportlern oder Unternehmern, die uns als Vorbilder und Inspiration dienen können.
- Kleidung und Accessoires wie Uhren, Gürtel oder Armbänder, die maskulin und robust sind und das Selbstbewusstsein und die Ausstrahlung des Mannes verstärken können.

Visualisierungen zur Stärkung der männlichen Energie

Visualisierungen können eine kraftvolle Methode sein, um die männliche Energie zu stärken und zu aktivieren. Nutzen Sie dabei die Übungen und Meditationen, die Sie bereits kennengelernt haben, und kombinieren Sie sie mit den folgenden Beispielen:

- **Eine starke Eiche:** Visualisieren Sie sich als eine mächtige Eiche, die tief verwurzelt und stark im Boden verankert ist. Stellen Sie sich vor, wie Sie Ihre Wurzeln immer tiefer in die Erde strecken und Ihre Krone hoch in den Himmel recken.
- **Ein Löwe:** Visualisieren Sie sich als ein stolzer Löwe, der selbstbewusst und kraftvoll durch sein Revier streift. Stellen Sie sich vor, wie Sie Ihre Mähne schütteln und mit lautem Gebrüll Ihre Macht und Autorität zeigen.
- **Ein Krieger:** Visualisieren Sie sich als ein Krieger, der mutig und entschlossen in die Schlacht zieht. Stellen Sie sich vor, wie Sie Ihr Schwert schwingen und sich Ihrem Ziel mit unbeugsamem Willen nähern.
- **Ein Berg:** Visualisieren Sie sich als ein mächtiger Berg, der fest und unerschütterlich inmitten der Landschaft steht. Stellen Sie sich vor, wie Sie den Naturgewalten trotzen und sich unbeirrt Ihren Zielen und Träumen widmen.

- **Ein Blitz:** Visualisieren Sie sich als Blitz, der mit ungestümer Energie und Leidenschaft durch den Himmel zuckt. Stellen Sie sich vor, wie Sie Ihre Energie in kurzen, aber intensiven Schüben entladen und alles um Sie herum erhellen.
- **Ein Feuer:** Visualisieren Sie sich als ein Feuer, das hell und lodernd in der Dunkelheit brennt. Stellen Sie sich vor, wie Sie Ihre Leidenschaft und Energie entfachen und alles um Sie herum mit Ihrer Kraft und Wärme erfüllen.
- **Ein Adler:** Visualisieren Sie sich als ein majestätischer Adler, der frei und unabhängig durch den Himmel kreist. Stellen Sie sich vor, wie Sie Ihre Flügel ausbreiten und hoch über allem schweben, während Sie Ihre Umgebung mit scharfem Blick beobachten.
- **Ein Elefant:** Visualisieren Sie sich als ein großer Elefant, der mit Kraft und Ausdauer seinen Weg durch den Dschungel bahnt. Stellen Sie sich vor, wie Sie mit beharrlichem Schritt Ihre Ziele erreichen und Hindernisse aus dem Weg räumen.
- **Ein Samurai:** Visualisieren Sie sich als ein Samurai, der in voller Rüstung und mit gezogenem Schwert in die Schlacht zieht. Stellen Sie sich vor, wie Sie Ihre Kampfkunst und Disziplin einsetzen, um Ihre Gegner zu besiegen und Ihre Ehre zu verteidigen.
- **Ein Titan:** Visualisieren Sie sich als ein Titan, der mit unermesslicher Stärke und Macht über die Welt herrscht. Stellen Sie sich vor, wie Sie Ihre Energie und Willenskraft einsetzen, um Ihre Ziele zu erreichen und die Welt zu verändern.

POWER-TOOLS FÜR WEIBLICHE ENERGIE

Ein wichtiger Bestandteil Ihrer spirituellen Praxis sollte die Stärkung und Ausbalancierung Ihrer weiblichen Energie sein. Die weibliche Energie ist eine Kraft, die mit Eigenschaften wie Intuition, Kreativität und Empathie in Verbindung gebracht wird. Wenn Sie lernen, Ihre weibliche Energie zu stärken und zu nutzen, können Sie ein tiefes Verständnis für sich selbst und Ihre Umwelt entwickeln und somit ein erfülltes Leben führen.

Durch die Arbeit an Ihrer weiblichen Energie können Sie lernen, Ihre Intuition zu nutzen und sich selbst besser zu verstehen. Sie können Ihre Kreativität entfalten und Ihre Fähigkeit, mit anderen zu kommunizieren, verbessern. Sie werden sich in der Lage fühlen, Empathie für andere zu empfinden und somit Ihre Beziehungen und Interaktionen mit anderen zu verbessern.

Es ist wichtig, zu verstehen, dass die weibliche Energie nicht nur für Frauen relevant ist, sondern auch für Männer von Bedeutung ist. Jeder Mensch hat sowohl weibliche als auch männliche Energie in sich und die Arbeit an der Stärkung der weiblichen Energie kann jedem helfen, ein ausgeglichenes und erfülltes Leben zu führen.

In den nächsten Abschnitten werden wir Ihnen einige Power-Tools vorstellen, die Ihnen helfen können, Ihre weibliche Energie zu fördern und zu nutzen.

Affirmationen zur Förderung der weiblichen Energie

- Ich bin kreativ und inspiriert.
- Ich vertraue auf meine Intuition und höre auf meine innere Stimme.
- Ich bin voller Liebe und Mitgefühl für mich selbst und andere.
- Ich fühle mich wohl in meiner Weiblichkeit und schätze meine Weiblichkeit.
- Ich lebe im Einklang mit meinem Körper und meiner Natur.
- Ich setze klare Grenzen und stehe für meine Bedürfnisse ein.
- Ich bin in der Lage, in schwierigen Situationen ruhig und gelassen zu bleiben.
- Ich vertraue auf meine Fähigkeiten und bin in der Lage, Herausforderungen zu meistern.
- Ich bin eine starke und unabhängige Frau.
- Ich bin in der Lage, in meinen Beziehungen ausgewogen zu geben und zu nehmen.
- Ich bin bereit, mich zu verändern und zu wachsen, um mein volles Potenzial zu entfalten.
- Ich kann meine Träume und Ziele verwirklichen.
- Ich bin dankbar für alles, was ich habe, und schätze die kleinen Freuden des Lebens.
- Ich bin mitfühlend und verständnisvoll gegenüber anderen und akzeptiere ihre Unterschiede.
- Ich glaube an mich selbst und an meine Fähigkeit, ein erfülltes und glückliches Leben zu führen.

Gegenstände zur Förderung der weiblichen Energie

Es gibt verschiedene Gegenstände, die die weibliche Energie stärken und unterstützen können. Hier sind einige Beispiele:

- Edelsteine wie Rosenquarz, Mondstein oder Amethyst, die für ihre heilenden und beruhigenden Eigenschaften bekannt sind.
- Ätherische Öle wie Lavendel, Jasmin oder Ylang-Ylang, die beruhigend und entspannend wirken können.
- Kräuter wie Mönchspfeffer oder Frauenmantel, die zur Hormonregulierung beitragen können.
- Ein Tagebuch oder Notizbuch, um Gedanken und Gefühle aufzuschreiben und zu reflektieren.
- Eine Klangschale oder ein Windspiel, um positive Schwingungen und Energie im Raum zu erzeugen.
- Eine Yogamatte oder ein Meditationskissen, um Entspannung und Achtsamkeit zu fördern.
- Ein Räucherstäbchenhalter, um mit duftendem Rauch eine beruhigende Atmosphäre zu schaffen.
- Ein Visionboard oder eine Collage, um Ziele und Träume visuell darzustellen und zu manifestieren.
- Eine warme, kuschelige Decke oder einen Schal, um sich geborgen und sicher zu fühlen.
- Eine Tasse Tee oder eine Tasse heiße Schokolade, um sich zu entspannen und zu genießen.
- Ein paar bequeme Schuhe oder Sandalen, um den Körper zu unterstützen und das Gleichgewicht zu halten.
- Einen Blumenstrauß oder eine Topfpflanze, um das Zuhause mit natürlicher Schönheit und Leben zu füllen.
- Eine Halskette, Ohrringe oder einen Armreif, die mit bestimmten Edelsteinen und Symbolen verbunden sind, um eine positive Energie und Schwingung zu erzeugen.
- Eine Kerze, um eine warme und beruhigende Atmosphäre zu schaffen.
- Ein Buch über Spiritualität, Selbstliebe oder persönliches Wachstum, um Inspiration und Wissen zu erhalten.

Visualisierungen zur Förderung der weiblichen Energie

Nutzen Sie auch hier die Übungen und Meditationen, die Sie bereits kennengelernt haben, und kombinieren Sie sie mit den folgenden Vorschlägen:

- Visualisieren Sie eine weibliche Figur in strahlendem Licht, die Ihnen Ihre innere Stärke und Schönheit zeigt.
- Stellen Sie sich vor, dass Sie von einem Strom aus reinem, weißem Licht umgeben sind, das Ihnen Kraft und Stärke verleiht.
- Visualisieren Sie einen Garten voller bunter Blumen und fühlen Sie, wie deren Schönheit und Sanftheit Ihre weibliche Energie stärkt.
- Stellen Sie sich vor, wie Sie in einem Fluss schwimmen, der Ihre weibliche Energie reinigt und stärkt.
- Visualisieren Sie einen schönen Bergsee, der Ihnen die Ruhe und Klarheit gibt, um Ihre weibliche Intuition zu stärken.
- Stellen Sie sich vor, dass Sie von einer Gruppe von weiblichen Vorbildern umgeben sind, die Ihnen Inspiration und Mut geben.
- Visualisieren Sie eine Lotusblüte, die langsam aufgeht und Ihnen zeigt, wie Sie Ihre innere Schönheit entfalten können.
- Stellen Sie sich vor, dass Sie wie ein Phoenix aus der Asche aufsteigen und eine neue, stärkere Version Ihres Selbst werden.
- Visualisieren Sie ein helles Licht in Ihrem Herzen, das Ihre weibliche Intuition und Ihr Mitgefühl stärkt.
- Stellen Sie sich vor, dass Sie auf einem Weg durch einen Wald gehen und dabei eine tiefe Verbindung zur Natur und Ihrer weiblichen Energie aufbauen.
- Visualisieren Sie eine Schutzblase aus hellem Licht, die Sie vor negativen Energien schützt und Ihre weibliche Kraft stärkt.
- Stellen Sie sich vor, dass Sie von einem Kreis von Frauen umgeben sind, die Sie ermutigen und stärken.
- Visualisieren Sie eine Göttin, die Sie führt und Ihnen ihre Weisheit und Stärke überträgt.

- Stellen Sie sich vor, dass Sie in einem Raum voller Rosenblütenblätter sind, die Sie mit ihrer Schönheit und Energie füllen.
- Visualisieren Sie eine Sonnenblume, die Ihre weibliche Kraft symbolisiert und Ihnen zeigt, wie Sie in Ihrem Leben aufblühen können.

ALTERSPROZESSE ALS STATIONEN DER WEISHEIT

Wir alle durchlaufen den Prozess des Älterwerdens. Für manche von uns ist dies eine Herausforderung, die Ängste, Unsicherheiten und Zweifel hervorruft. Aber es ist auch eine wunderschöne Reise, die mit Weisheit, Erfahrung und Wachstum einhergeht.

Es ist wichtig, die Alterungsprozesse anzunehmen und willkommen zu heißen, anstatt sich gegen sie zu wehren oder sie zu leugnen. Konzentrieren Sie sich lieber darauf, wie Sie durch diese Prozesse wachsen und Ihre Lebensqualität verbessern können.

Es kann schwierig sein, mit körperlichen Veränderungen, wie grauen Haaren, Falten oder nachlassender körperlicher Leistungsfähigkeit, umzugehen. Aber es ist wichtig, zu akzeptieren, dass unser Körper ein Spiegelbild unseres Lebens und unserer Erfahrungen ist. Jede Falte und jeder graue Haaransatz ist ein Zeichen unserer Weisheit und Erfahrung.

Sehen Sie den Alterungsprozess als Chance, sich selbst und Ihr Leben auf eine neue Weise zu entdecken und zu genießen. Legen Sie den Fokus auf das Positive und die Schönheit des Alterns und lenken Sie Ihre Energien dahingehend, dass sie Ihr Leben bereichern.

Leben Sie jeden Tag bewusst und lernen Sie, jeden Moment zu schätzen. Betrachten Sie das Älterwerden als eine Reise voller Möglichkeiten und Entdeckungen. Nutzen Sie die Erfahrung und Weisheit, die Sie im Laufe Ihres Lebens erworben haben, um anderen zu helfen und Ihren eigenen Weg zu finden.

Seien Sie sanft und liebevoll zu sich selbst und denken Sie daran, dass das Älterwerden ein Geschenk ist. Eine Chance, unsere wahre Schönheit und Weisheit zu entfalten und unser Leben auf eine neue Art und Weise zu entdecken. Seien Sie stolz auf das, was Sie erreicht haben, und freuen Sie sich auf alles, was noch vor Ihnen liegt.

Die Stufen der Weisheit

Die Stufen der Weisheit bilden einen wichtigen Bestandteil des spirituellen Wachstums. Sie sind ein Prozess der inneren Transformation, der uns hilft, unsere Lebenserfahrungen zu integrieren und ein tiefes Verständnis für das Leben zu entwickeln.

Die erste Stufe der Weisheit ist die Erforschung der eigenen Persönlichkeit und die Suche nach unserem wahren Selbst. Es geht darum, sich selbst zu erforschen und herauszufinden, wer man wirklich ist. Diese Stufe erfordert eine offene und ehrliche Selbsteinschätzung, um unsere Stärken und Schwächen zu erkennen und zu akzeptieren.

Die zweite Stufe der Weisheit ist die Überwindung von Hindernissen und Herausforderungen. Wir lernen aus unseren Fehlern und wachsen durch unsere Erfahrungen. Es geht darum, unsere Schwierigkeiten als Chancen zu betrachten und uns durch sie hindurchzuarbeiten, um stärker und weiser zu werden.

Die dritte Stufe der Weisheit ist die Entwicklung von Mitgefühl und Empathie für andere. Wir erkennen, dass wir alle miteinander verbunden sind und dass unser Wohlbefinden eng mit dem Wohlbefinden anderer verbunden ist. Es geht darum, die Bedürfnisse anderer zu erkennen und ihnen zu helfen, wenn wir können.

Die vierte Stufe der Weisheit ist die Erkenntnis, dass das Leben einen tieferen Sinn hat. Wir erkennen, dass wir Teil von etwas Größerem sind und dass unser Leben einen Zweck hat. Es geht darum, unseren Platz im Leben zu finden und unseren Beitrag zu leisten.

Die fünfte Stufe der Weisheit ist die Akzeptanz von Veränderungen und die Bereitschaft, loszulassen. Wir erkennen, dass das Leben sich ständig verändert und dass wir uns anpassen müssen, um weiterhin zu wachsen und zu gedeihen. Es geht darum, uns von alten Gewohnheiten und Mustern zu lösen und uns auf neue Erfahrungen einzulassen.

Die sechste Stufe der Weisheit ist die Entwicklung von Dankbarkeit und Wertschätzung. Wir erkennen, dass das Leben ein Geschenk ist und dass wir uns auf das konzentrieren sollten, was wir haben, anstatt uns auf das zu konzentrieren, was uns fehlt. Es geht darum, dankbar zu sein für das Leben und all die Erfahrungen, die wir machen dürfen.

Diese Stufen sind ein Prozess, der uns ein Leben lang begleitet. Sie helfen uns, uns selbst besser kennenzulernen und ein tiefes Verständnis für das Leben zu entwickeln.

Wie Sie gesunde Altersprozesse initiieren

Das Alter bringt viele Veränderungen mit sich, aber es ist möglich, den Alterungsprozess zu verlangsamen und gesunde Altersprozesse zu initiieren. Indem Sie sich auf Ihre Gesundheit und Ihr Wohlbefinden konzentrieren und bestimmte Gewohnheiten in Ihren Alltag integrieren, können Sie Ihren Körper und Geist auch im Alter fit halten. Im Folgenden finden Sie einige Tipps, die Ihnen dabei helfen können, gesunde Altersprozesse in Ihren Alltag zu integrieren und ein erfülltes Leben zu führen.

- Regelmäßige körperliche Aktivität kann helfen, Ihre Gesundheit zu erhalten und zu verbessern. Es ist wichtig, eine Art von Bewegung zu finden, die Ihnen Spaß macht und die Sie regelmäßig ausüben können.
- Eine ausgewogene Ernährung mit viel Obst, Gemüse und Vollkornprodukten kann dazu beitragen, Ihre Gesundheit zu erhalten. Vermeiden Sie verarbeitete Lebensmittel und reduzieren Sie den Verzehr von Zucker und gesättigten Fetten.
- Ausreichender Schlaf ist wichtig für Ihre Gesundheit und Ihr Wohlbefinden. Versuchen Sie, jede Nacht mindestens sieben bis acht Stunden zu schlafen.
- Stress kann zu körperlichen und geistigen Problemen führen. Finden Sie Wege, um Stress abzubauen, wie zum Beispiel Meditation, Yoga oder Spaziergänge in der Natur.
- Soziale Interaktion kann dazu beitragen, Ihr geistiges Wohlbefinden zu fördern. Verbringen Sie Zeit mit Freunden und Familie oder nehmen Sie an Gemeinschaftsaktivitäten teil
- Geistige Stimulation kann dazu beitragen, Ihr Gehirn gesund zu halten. Lesen Sie Bücher, nehmen Sie an Kursen teil oder engagieren Sie sich in anderen geistig herausfordernden Aktivitäten.
- Regelmäßige Arztbesuche können dazu beitragen, Krankheiten frühzeitig zu erkennen und zu behandeln.

Wenn Sie diese Tipps befolgen, können Sie gesunde Altersprozesse initiieren und Ihre körperliche und geistige Gesundheit bis ins hohe Alter aufrechterhalten.

Mit Ihrer Akasha Chronik arbeiten

In diesem Kapitel werden wir uns auf die Anwendung der Akasha Chronik in verschiedenen Lebensbereichen konzentrieren, wie Beruf, Erfüllung, Gesundheit, Fülle und Manifestation, Selbstverwirklichung und Wege zur Lösung von Blockaden, alten Mustern, Glaubenssätzen und von Verstrickungen. Wir werden Ihnen zeigen, wie Sie diese Energiequelle nutzen können, um Ihre Träume zu verwirklichen, Ihre Berufung zu finden und Ihre Blockaden zu lösen.

BERUF

Wenn Sie sich auf den Weg machen, um Ihre Karriere zu verbessern oder Ihre Berufung zu finden, kann die Arbeit mit der Akasha Chronik Ihnen dabei helfen, Klarheit und Orientierung zu gewinnen.

Der erste Schritt besteht darin, sich bewusst zu werden, dass die Akasha Chronik ein Ort des Wissens und der Weisheit ist, in dem alle Erfahrungen und Erinnerungen des Universums gespeichert sind. Sie können auf diese Weisheit zugreifen, indem Sie sich in einen tiefen Zustand der Entspannung versetzen und sich darauf konzentrieren, Ihre Absichten und Fragen mit einer offenen und neugierigen Haltung zu stellen.

Wenn es um Ihren Beruf geht, können Sie sich fragen:

- Was ist meine Berufung?
- Welche Fähigkeiten und Talente habe ich?
- Welche Art von Arbeit würde mich erfüllen und meine Stärken am besten nutzen?

Während der Arbeit mit der Akasha Chronik können Sie auch um Führung und Unterstützung bitten, um Hindernisse zu überwinden und die richtigen Schritte in Ihrer Karriere zu unternehmen. Visualisieren Sie sich in Ihrem idealen Beruf oder Geschäft und spüren Sie, wie es sich anfühlt, Ihre Berufung zu leben.

Um den Prozess zu vertiefen, können Sie auch einen Coach oder einen Berater hinzuziehen, der sich auf die Arbeit mit der Akasha Chronik spezialisiert hat. Er kann Ihnen helfen, Ihre Fragen zu formulieren und die Antworten und Einsichten zu finden, die Sie brauchen, um Ihre Karriere zu verbessern oder Ihre Berufung zu finden.

Die Arbeit mit der Akasha Chronik ist ein kraftvolles Werkzeug, um Ihre Karriereziele zu erreichen und Ihre Berufung zu finden. Es kann Ihnen helfen, Ihre Stärken und Talente zu erkennen, Hindernisse zu überwinden und in Ihrem Beruf oder Geschäft erfolgreich zu sein. Mit der Akasha Chronik können Sie auch Blockaden und alte Muster lösen, um Ihren Weg zur Erfüllung zu ebnen.

ERFÜLLUNG

Nun geht es darum, wie Sie mithilfe Ihrer Akasha Chronik die Bereiche Erfolg, Liebe und Lebensplan gestalten können.

Erfolg:

Wenn Sie die Informationen aus der Akasha Chronik nutzen möchten, um Ihren Erfolg zu steigern, können Sie sich auf Ihre Fähigkeiten und Talente konzentrieren. Die Akasha Chronik gibt Ihnen Einsicht in vergangene Erfahrungen und Möglichkeiten, die Sie genutzt oder verpasst haben. Sie können diese Einsichten nutzen, um Ihre Stärken zu erkennen und Ihre Fähigkeiten zu verbessern.

Visualisieren Sie sich selbst als erfolgreiche Person in Ihrem Beruf oder Ihrer Karriere. Stellen Sie sich vor, wie es sich anfühlt, erfolgreich zu sein, und spüren Sie die positiven Emotionen, die damit einhergehen. Verbinden Sie sich mit Ihrer Intuition und lassen Sie sich von Ihrer Akasha Chronik inspirieren, um neue Möglichkeiten und Wege zu erkennen, die Sie zu Ihrem Erfolg führen.

Liebe:

Wenn Sie die Akasha Chronik nutzen möchten, um in der Liebe erfolgreich zu sein, können Sie sich auf die Beziehung zu sich selbst und zu anderen konzentrieren. Die Akasha Chronik gibt Ihnen Einsicht in vergangene Beziehungen und Muster, die Sie erlebt haben. Sie können diese Einsichten nutzen, um alte Glaubenssätze und Blockaden aufzulösen und Ihr Herz für neue Liebe zu öffnen.

Visualisieren Sie sich selbst als glückliche Person in einer erfüllenden Beziehung. Stellen Sie sich vor, wie es sich anfühlt, von einer liebevollen Person geliebt zu werden, und spüren Sie die positiven Emotionen, die damit einhergehen. Verbinden Sie sich mit Ihrer Intuition und lassen Sie sich von Ihrer Akasha Chronik inspirieren, um neue Wege zu erkennen, wie Sie sich auf eine erfüllende Beziehung einlassen können.

Lebensplan:

Wenn Sie Ihre Akasha Chronik nutzen möchten, um Ihren Lebensplan zu gestalten, können Sie sich auf Ihre Lebensaufgabe und Ziele konzentrieren. Die Akasha Chronik gibt Ihnen Einsicht in vergangene Leben und Erfahrungen, die Ihnen helfen können, Ihre Lebensaufgabe zu erkennen. Sie können diese Einsichten nutzen, um Ihre Ziele zu definieren und Ihre Schritte zu planen.

Visualisieren Sie sich selbst als erfüllte Person, die ihre Lebensaufgabe lebt und ihre Ziele erreicht hat. Stellen Sie sich vor, wie es sich anfühlt, im Einklang mit Ihrem Lebensplan zu sein, und spüren Sie die positiven Emotionen, die damit einhergehen. So finden Sie neue Wege und Möglichkeiten, um Ihre Lebensaufgabe zu erfüllen, indem Sie Ihre Intuition nutzen und sich mit Ihrer inneren Weisheit verbinden.

Mit diesen Techniken und Werkzeugen können Sie Ihre Akasha Chronik nutzen, um Ihr Leben in den Bereichen Erfolg, Liebe und Lebensplan zu gestalten. Vertrauen Sie auf Ihre Intuition und lassen Sie sich von Ihrer Akasha Chronik und Ihrem spirituellen Team führen, um Ihre Ziele zu erreichen und Ihre Träume zu verwirklichen.

GESUNDHEIT

Wie Sie wissen, sind in der Akasha Chronik alle Informationen über unsere Vergangenheit, Gegenwart und Zukunft gespeichert. Das bedeutet, dass wir auch auf das volle Potential unserer körperlichen und mentalen Gesundheit zugreifen können. In diesem Kapitel möchten wir Ihnen zeigen, wie Sie mit der Akasha Chronik arbeiten können, um Ihre Gesundheit zu fördern.

Förderung der mentalen Gesundheit:

Verbinden Sie sich mit Ihrer inneren Weisheit und Ihrem höheren Selbst, um Blockaden und negative Glaubenssätze aufzulösen, die Ihre geistige Gesundheit beeinträchtigen können.

Eine Möglichkeit, dies zu tun, besteht darin, die Übungen und Meditationen aus diesem Buch zu nutzen, um Ihre Gedanken und Emotionen zu beobachten und zu transformieren. Wenn Sie sich auf Ihre Atmung konzentrieren und sich innerlich auf Ihre innere Stimme fokussieren, können Sie sich bewusst werden, welche Gedankenmuster und Emotionen Ihnen helfen oder Sie belasten.

Sie können auch eine oder mehrere Fragen während einer Akasha-Lesung stellen und darauf vertrauen, dass Ihnen eine Antwort oder ein Hinweis zur Lösung gegeben wird. Diese Methode kann helfen, negative Gedankenmuster und Glaubenssätze aufzulösen und stattdessen positive Gedanken und Überzeugungen zu fördern.

Bonus-Tipp:

Die Gedankenstopp-Technik

Die Gedankenstopp-Technik ist eine einfache und wirkungsvolle Methode, um unerwünschte Gedanken und negative Selbstgespräche zu unterbrechen. Diese Technik kann helfen, das eigene Denken zu kontrollieren und negative Gedankenmuster zu durchbrechen.

Um sie anzuwenden, gibt es verschiedene Möglichkeiten. Eine davon ist, sich innerlich STOPP zu sagen oder sich ein rotes Stoppschild vorzustellen, wenn negative Gedanken auftauchen. Dadurch wird der Gedankenstrom unterbrochen und man kann sich bewusst machen, dass man diese Gedanken nicht weiterverfolgen möchte.

Eine weitere Möglichkeit ist es, sich bewusst zu machen, dass man gerade in eine negative Gedankenspirale gerät, und sich innerlich STOPP zu sagen. Danach kann man sich bewusst auf positive Gedanken und Erlebnisse konzentrieren, um die negative Gedankenspirale zu durchbrechen.

Die Gedankenstopp-Technik erfordert ein wenig Übung, um sie erfolgreich anwenden zu können. Es kann hilfreich sein, sie in Kombination mit anderen Techniken, wie zum Beispiel der Visualisierung oder der Affirmation, zu verwenden, um die Gedanken in eine positive Richtung zu lenken.

Eine weitere Methode besteht darin, Affirmationen oder Mantras zu verwenden, um Ihre mentale Gesundheit zu stärken. Wiederholen Sie positive Sätze oder Worte, die Ihnen helfen, Ihre Gedankenmuster zu verändern und Ihre inneren Überzeugungen zu stärken.

FÜLLE UND MANIFESTATION

Natürlich geht es bei der Arbeit mit der Akasha Chronik nicht nur um die Verbesserung Ihrer körperlichen und mentalen Gesundheit, sondern auch um die Manifestation Ihrer Träume und Ziele. Die Akasha Chronik kann Ihnen dabei helfen, Ihre Visionen zu klären und den kreativen Ausdruck zu fördern.

Wenn Sie sich mit Ihrer Akasha Chronik verbinden, können Sie darum bitten, dass Ihnen Klarheit in Bezug auf Ihre Ziele und Träume gegeben wird. Fragen Sie, welche Schritte notwendig sind, um diese Ziele zu erreichen. Fragen Sie auch, welche Fähigkeiten, Ressourcen oder Unterstützung Sie benötigen, um Ihre Träume zu manifestieren.

Eine wichtige Technik zur Manifestation Ihrer Wünsche ist das Visualisieren. Nutzen Sie dazu die Visualisierungstechniken aus diesem Buch und bauen Sie darauf auf. Stellen Sie sich vor, wie es sich anfühlt, wenn Ihre Wünsche erfüllt sind, und konzentrieren Sie sich auf die positiven Emotionen, die damit einhergehen. Vertrauen Sie darauf, dass das Universum Ihnen das gibt, was Sie wirklich wollen, und lassen Sie die Fülle in Ihr Leben fließen.

Eine weitere wichtige Technik ist das Schreiben von Affirmationen. Nutzen Sie auch hier die Vorschläge aus diesem Buch, doch schreiben Sie auch Ihre eigenen positiven Aussagen auf, die Ihre Ziele und Träume unterstützen, und lesen Sie sie jeden Tag laut vor. Wiederholen Sie diese Aussagen so oft wie möglich und visualisieren Sie dabei das Gefühl, das Sie haben werden, wenn Sie Ihre Ziele erreicht haben.

Seien Sie offen und bereit, neue Wege zu gehen, und vertrauen Sie darauf, dass das Universum Ihnen alles gibt, was Sie brauchen, um Ihre Träume zu manifestieren.

SELBSTVERWIRKLICHUNG

Selbstverwirklichung ist ein zentraler Aspekt der Arbeit mit der Akasha Chronik. Es geht darum, Ihre wahren Wünsche und Bedürfnisse zu erkennen und zu verfolgen, um ein erfülltes Leben zu führen. Dazu ist es wichtig, sich bewusst zu machen, welche Motive hinter Ihren Wünschen und Plänen stehen.

Stellen Sie sich Fragen wie die folgenden: Was treibt mich an? Was sind meine Interessen und Leidenschaften? Was sind meine Stärken und Talente? Wenn Sie diese Fragen beantworten, können Sie sich auf Ihre wahren Ziele und Wünsche konzentrieren und sich von äußeren Erwartungen und Einflüssen lösen.

Mit Hilfe der Akasha Chronik können Sie sich Klarheit über Ihre Ziele und Pläne verschaffen. Sie können Ihre Wünsche und Bedürfnisse formulieren und sich darauf ausrichten, sie zu manifestieren. Durch die Arbeit mit der Akasha Chronik können Sie auch lernen, Ihre kreativen Fähigkeiten und Ausdrucksformen zu nutzen, um Ihre Ziele zu erreichen.

Ein wichtiger Aspekt der Selbstverwirklichung ist auch die Bereitschaft, Risiken einzugehen und aus Fehlern zu lernen. Wenn Sie sich auf Ihre Ziele ausrichten und Ihre Pläne verfolgen, kann es passieren, dass Sie Hindernisse und Rückschläge erleben. Aber Sie können auch aus diesen Erfahrungen lernen und daran wachsen.

In der Arbeit mit der Akasha Chronik können Sie auch Unterstützung und Inspiration finden, um Ihre Ziele zu erreichen. Sie können um Führung und Hinweise bitten, um Ihren Weg zu finden und zu verfolgen. Vertrauen Sie auf Ihre Intuition und Ihre Fähigkeit, Ihre Träume zu verwirklichen.

Selbstverwirklichung ist ein fortlaufender Prozess, der uns unser ganzes Leben begleitet. Seien Sie deshalb geduldig mit sich selbst und vertrauen Sie der Unterstützung und Führung, die Ihnen die Akasha Chronik bietet.

WEGE ZUR LÖSUNG

In der Akasha Chronik können wir nicht nur Antworten auf unsere Fragen finden und uns auf unseren Lebensweg ausrichten, sondern auch Blockaden, alte Muster, Glaubenssätze und Verstrickungen lösen. Oftmals hindern uns diese Dinge daran, unsere volle Kraft zu entfalten und unsere Ziele zu erreichen. Hier sind einige Wege, wie Sie mit Hilfe der Akasha Chronik diese Hindernisse überwinden können:

Der erste Schritt zur Lösung von Blockaden und alten Mustern ist es, sich dieser **bewusst** zu werden. Nutzen Sie die Akasha-Lesung, um sich auf Ihre Gedanken und Gefühle zu konzentrieren, und identifizieren Sie, welche Muster und Überzeugungen Sie blockieren.

Affirmationen können helfen, unsere Gedankenmuster und Überzeugungen zu ändern. Verwenden Sie positive Affirmationen, um Ihre negativen Gedanken zu ersetzen und Ihre Energie auf das Positive auszurichten.

Visualisierung ist eine kraftvolle Technik, um positive Veränderungen in Ihrem Leben zu manifestieren. Nutzen Sie die Akasha Chronik, um sich auf Ihre Ziele und Wünsche zu konzentrieren, und visualisieren Sie, wie Sie diese erreichen.

Durch **Meditation** können Sie Ihre Gedankenmuster und Überzeugungen untersuchen und Veränderungen herbeiführen. Nutzen Sie die Akasha-Lesung, um Ihre Meditation zu unterstützen und um sich auf Ihre Ziele und Wünsche zu konzentrieren.

Ein **Akasha-Chronik-Coach** kann Ihnen dabei helfen, Ihre Blockaden und Überzeugungen zu identifizieren und zu lösen. Nutzen Sie die Erfahrung und das Wissen eines Coaches, um Ihre Ziele zu erreichen und Ihr volles Potenzial zu entfalten.

Durch die Arbeit mit der Akasha Chronik können Sie tiefgreifende Veränderungen in Ihrem Leben herbeiführen und Ihre Blockaden, alten Muster, Glaubenssätze und Verstrickungen lösen. Seien Sie geduldig und vertrauen Sie auf den Prozess, denn oft braucht es Zeit und Arbeit, um Veränderungen zu bewirken. Aber mit der Unterstützung der Akasha Chronik können Sie Ihr Leben transformieren und Ihre Träume verwirklichen.

Ein Blick in die Zukunft

Stellen Sie sich vor, Sie könnten Ihr Leben so gestalten, wie Sie es wirklich möchten. Was würden Sie tun, wenn Sie keine Angst hätten und alle Möglichkeiten offen wären? Die Zukunft ist offen und wir haben die Kraft, sie zu gestalten. In Ihrem Buch "One True Love" gibt Gabrielle Orr eine Anleitung, wie wir unser Leben bewusst gestalten und unsere Träume und Ziele verwirklichen können.

Der erste Schritt besteht darin, sich selbst zu kennen und sich bewusst zu machen, was man wirklich im Leben erreichen möchte. Dafür können Sie eine Liste mit all Ihren Träumen und Wünschen erstellen. Notieren Sie, was Sie sich für Ihr Leben wünschen, sei es in Bezug auf Ihre Beziehungen, Ihre Karriere oder Ihre persönliche Entwicklung. Je spezifischer und detailreicher Sie Ihre Träume aufschreiben, desto besser.

Der nächste Schritt ist die Visualisierung. Stellen Sie sich lebhaft vor, wie Ihr Leben in einigen Jahren aussehen wird, wenn Sie all Ihre Träume und Ziele erreicht haben. Schließen Sie die Augen und stellen Sie sich vor, wie es sich anfühlt, glücklich und erfüllt zu sein. Wichtig ist, dass Sie diese Bilder und Gefühle wirklich in sich aufnehmen und sich so fühlen, als ob Ihre Träume bereits wahr geworden sind. Als Nächstes gilt es, die Hindernisse und Blockaden zu identifizieren, die Sie daran hindern, Ihre Träume zu verwirklichen.

Überlegen Sie, welche Glaubenssätze, Ängste oder Gewohnheiten Sie zurückhalten. Sobald Sie diese Hindernisse erkannt haben, können Sie bewusst daran arbeiten, sie zu überwinden. Schreiben Sie auf, was Sie tun werden, um Ihre Blockaden zu überwinden und Ihre Ziele zu erreichen.

Der letzte Schritt besteht darin, Maßnahmen zu ergreifen, um Ihre Träume und Ziele zu verwirklichen. Hierbei gilt es, realistische und konkrete Schritte zu definieren, die Sie unternehmen werden, um Ihre Visionen zu erreichen. Erstellen Sie einen Aktionsplan mit klaren Schritten und Meilensteinen, die Sie erreichen möchten. Es ist wichtig, diszipliniert und konsequent zu bleiben und sich immer wieder an Ihre Vision und Ihren Aktionsplan zu erinnern.

Wenn Sie diese Schritte befolgen, werden Sie eine klare Vorstellung davon haben, wohin Ihr Leben geht und wie Sie Ihre Träume und Ziele erreichen können. Die Zukunft ist offen und es liegt an Ihnen, sie zu gestalten. Alles, was Sie brauchen, ist der Glaube an sich selbst, die Visualisierung Ihrer Träume und Ziele, das Identifizieren und Überwinden von Hindernissen und die Umsetzung konkreter Schritte.

ZUKUNFTSINFORMATIONEN IN DER AKASHA CHRONIK FINDEN

In diesem Kapitel erfahren Sie, wie Sie mithilfe der Akasha Chronik Einsichten in und Informationen über Ihre Zukunft erhalten können. Die Akasha Chronik ist ein Ort des Wissens und der Weisheit, der alle Erfahrungen und Erkenntnisse des Universums enthält. Wenn Sie lernen, in der Akasha Chronik zu lesen, können Sie wertvolle Einblicke in Ihre zukünftigen Entwicklungen und Möglichkeiten gewinnen.

Der erste Schritt bei der Suche nach Zukunftsinformationen in der Akasha Chronik ist es, sich voll auf Ihre Absicht zu konzentrieren und sich auf eine tiefe Ebene des Bewusstseins einzulassen. Gehen Sie mit einer klaren Absicht in eine Akasha-Lesung und visualisieren Sie vorher schon, wie Sie in die Akasha Chronik eintreten und sich mit der Weisheit und dem Wissen verbinden, die dort für Sie bereitstehen.

In der Lesung selbst stellen Sie eine spezifische Frage oder schildern eine konkrete Situation in Bezug auf Ihre Zukunft. Stellen Sie sicher, dass Sie sich in einer ruhigen und sicheren Umgebung befinden, in der Sie sich auf Ihre Intuition und Ihr Unterbewusstsein konzentrieren können.

Wenn Sie Ihre Frage in die Akasha Chronik gestellt haben, können Sie auf verschiedene Arten Antworten erhalten. Eine Möglichkeit ist, dass Sie plötzlich eine Eingebung darüber haben, wie Sie in Bezug auf Ihre Frage weitermachen sollten. Eine andere Möglichkeit ist, dass Sie Synchronizitäten bemerken, die auf eine bestimmte Antwort oder Lösung hindeuten.

Beachten Sie, dass die Zukunft nicht in Stein gemeißelt ist und dass Sie die Macht haben, Ihre Zukunft aktiv mitzugestalten. Wenn Sie eine zukünftige Entwicklung sehen, die Sie nicht wünschen, haben Sie die Möglichkeit, Ihre Gedanken und Handlungen zu ändern und einen anderen Weg einzuschlagen

Das Arbeiten mit der Akasha Chronik ist eine wertvolle Möglichkeit, um Ihre Zukunft zu gestalten und wertvolle Einblicke in Ihre Lebensreise zu erhalten. Es erfordert jedoch Übung und Geduld, um auf die tiefe Weisheit und das Wissen zuzugreifen, die in der Akasha Chronik vorhanden sind. Wenn Sie jedoch bereit sind, sich auf diese Reise zu begeben, können Sie unendliche Möglichkeiten und Potenziale entdecken, die auf Sie warten.

DIE ZEICHEN DEUTEN

Ein wichtiger Aspekt der spirituellen Praxis ist die Fähigkeit, Symbole und Zeichen zu erkennen, zu interpretieren und in Zusammenhang zu setzen. Diese Symbole können uns wichtige Botschaften über unsere Lebensumstände, unsere Beziehungen oder unsere zukünftigen Möglichkeiten liefern.

Es gibt verschiedene Möglichkeiten, wie wir Symbole und Zeichen in unserem Leben finden können. Einige Menschen sehen sie in der Natur, während andere sie in Träumen oder Visionen wahrnehmen. Einige sehen sie in der Kunst oder in den Medien, während andere sie in ihrem täglichen Leben bemerken.

Um Symbole und Zeichen zu deuten, ist es wichtig, auf Ihre Intuition und Ihre innere Führung zu vertrauen. Sie können auch auf literarische oder mythologische Quellen zurückgreifen, um mehr über die Bedeutung bestimmter Symbole und Zeichen zu erfahren. Zum Beispiel können mythologische Geschichten und Überlieferungen Ihnen helfen, die tiefere Bedeutung von Symbolen und Zeichen zu verstehen.

Konsultieren Sie verschiedene Quellen, um eine umfassendere Vorstellung von der Bedeutung eines Symbols oder Zeichens zu erhalten. Dies kann bedeuten, Bücher über Symbolik und Mythologie zu lesen oder auf Websites und in Online-Foren nachzuschauen, um mehr über die Interpretation von Symbolen und Zeichen zu erfahren.

Die Deutung von Symbolen und Zeichen ist jedoch eine sehr persönliche Angelegenheit. Jeder Mensch hat eine einzigartige Beziehung zu Symbolen und Zeichen, die auf seinen individuellen Erfahrungen und Überzeugungen basieren. Daher ist es wichtig, zu lernen, auf Ihre eigene innere Führung und Intuition zu vertrauen und Ihre eigenen Interpretationen zu entwickeln.

Wenn Sie Schwierigkeiten haben, die Bedeutung eines Symbols oder Zeichens zu verstehen, kann es auch hilfreich sein, mit anderen Menschen darüber zu sprechen. Durch den Austausch von Ideen und Perspektiven können Sie ein umfassenderes Verständnis von der Bedeutung eines Symbols oder Zeichens entwickeln. Ein wichtiger Schritt bei der Deutung von Symbolen und Zeichen besteht darin, sie in den Kontext Ihrer eigenen Erfahrungen und Ihrer aktuellen Lebenssituation zu setzen. Was bedeutet das Symbol für Sie persönlich? Was könnte es Ihnen sagen? Welche Entscheidungen oder Veränderungen könnte es erfordern?

Achten Sie auch darauf, wie Sie sich fühlen, wenn Sie das Symbol oder Zeichen bemerken. Fühlen Sie sich inspiriert oder beunruhigt? Erinnert es Sie an etwas aus Ihrer Vergangenheit? Dies kann Ihnen helfen, die Bedeutung des Symbols zu verstehen und auch, wie es sich auf Ihre gegenwärtige Situation bezieht.

Eine weitere Möglichkeit, die Bedeutung von Symbolen und Zeichen zu verstehen, besteht darin, Ihre Akasha Chronik zu konsultieren. Sie können eine Frage oder ein Thema in Ihrer Chronik platzieren und auf Hinweise oder Symbole achten, die sich zeigen. Auf diese Weise können Sie tiefer in die Bedeutung und den Zweck von Symbolen und Zeichen eintauchen und Ihre eigene spirituelle Entwicklung unterstützen.

IHR LEBEN AUSRICHTEN

In diesem Kapitel geht es um die Ausrichtung Ihres Lebens auf Ihre Erkenntnisse und Planungen für das Hier und Jetzt und möglicherweise auch für die Zukunft. Es geht darum, Ihre Ziele und Wünsche zu identifizieren und darauf hinzuarbeiten, um ein erfülltes und sinnvolles Leben zu führen. Um Ihr Leben auszurichten, ist es wichtig, sich auch mal eine Auszeit zu nehmen, zu reflektieren und zu überlegen, was Ihnen im Leben wichtig ist und was Sie wirklich wollen. Sie können sich folgende Fragen stellen: Was sind meine Leidenschaften und Interessen? Was motiviert mich und gibt mir ein Gefühl von Sinnhaftigkeit? Wo möchte ich in einigen Jahren stehen und was muss ich tun, um dorthin zu gelangen?

Sobald Sie eine klare Vorstellung davon haben, was Sie erreichen möchten, können Sie Schritte unternehmen, um dorthin zu gelangen. Das können kleine Veränderungen in Ihrem Alltag sein, wie zum Beispiel die Schaffung einer regelmäßigen Morgenroutine oder die Einführung einer neuen gesunden Gewohnheit. Oder es können größere Schritte sein, wie zum Beispiel die berufliche Neuorientierung oder die Verwirklichung eines lang gehegten Traums. Überprüfen Sie regelmäßig auch Ihre Gedanken und Überzeugungen. Ändern Sie sie gegebenenfalls, um eine positive und unterstützende Einstellung zu fördern. Wenn Sie zum Beispiel glauben, dass Sie nicht gut genug sind oder dass Sie nicht in der Lage sind, Ihre Ziele zu erreichen, kann dies Ihre Fähigkeit beeinträchtigen, Ihr Leben neu auszurichten und Ihre Träume zu verwirklichen. Stattdessen sollten Sie lernen, sich selbst zu ermutigen und positive Affirmationen zu nutzen, um Ihre Gedanken und Überzeugungen zu stärken.

Es ist an der Zeit, Ihr Leben bewusst und aktiv zu gestalten, indem Sie sich auf das konzentrieren, was wirklich wichtig und wertvoll ist. Es ist an der Zeit, Ihre Erkenntnisse und Ziele auszurichten und auf Ihre innere Führung und Intuition zu vertrauen. Sie sind der Schöpfer Ihres eigenen Lebens und haben die Macht, es zu gestalten und zu lenken.

Lassen Sie sich nicht von äußeren Einflüssen und gesellschaftlichen Normen einschränken. Sie haben das Recht und die Fähigkeit, ein Leben zu führen, das auf Ihren eigenen Bedürfnissen und Werten basiert. Schenken Sie sich selbst die Aufmerksamkeit und die Zeit, die Sie brauchen, um Ihre Träume und Ziele zu verwirklichen. Seien Sie mutig und vertrauen Sie auf Ihre innere Stärke. Die Welt braucht Menschen wie Sie, die bereit sind, ihr Leben bewusst und aktiv zu gestalten. Erkennen Sie Ihre Einzigartigkeit und Ihre Fähigkeiten an und setzen Sie diese ein, um Ihre Ziele zu erreichen.

Nutzen Sie die Erkenntnisse und Werkzeuge, die Sie auf Ihrem Weg gesammelt haben, um Ihr Leben auszurichten. Seien Sie bereit, Veränderungen vorzunehmen und sich an neue Umstände anzupassen. Lassen Sie sich von Ihrer Intuition, Ihrer inneren Führung und Ihrem spirituellen Team leiten, um die bestmöglichen Entscheidungen für sich selbst zu treffen. Seien Sie stolz darauf, wer Sie sind und was Sie erreicht haben. Halten Sie an Ihrem Weg fest und lassen Sie sich nicht von Hindernissen entmutigen. Mit Entschlossenheit, Zielstrebigkeit und Vertrauen in Ihre Fähigkeiten können Sie ein erfülltes und glückliches Leben führen.

Bonus: QR-Code zu allen Audio-Dateien

QR-Code oder Link zu allen Meditationen

https://bit.ly/46J2WYl

Vertrauen Sie Ihrer Intuition

Sie wissen nun, dass es möglich ist, Ihre tiefsten Wünsche und Träume zu manifestieren, indem Sie sich auf Ihre innere Weisheit und Intuition verlassen und konkrete Schritte unternehmen, um diese Ziele zu erreichen. Sie haben gelernt, wie Sie Blockaden, alte Muster und Glaubenssätze lösen und Ihre Energie und Ihr Potenzial freisetzen können. Wir möchten Sie ermutigen, diese Werkzeuge und Techniken in Ihr Leben zu integrieren und sie auf eine Weise anzuwenden, die für Sie am besten funktioniert. Seien Sie geduldig und liebevoll zu sich selbst, wenn Sie auf Ihrem spirituellen Weg voranschreiten, und wissen Sie, dass Sie jederzeit Zugang zu Ihrer inneren Führung haben.

Mit den Techniken und Werkzeugen, die Sie in diesem Buch kennengelernt haben, sind Sie in der Lage, ein erfülltes und glückliches Leben zu gestalten, das auf Ihren eigenen Werten und Bedürfnissen basiert. Vertrauen Sie darauf, dass Sie die Weisheit und die Fähigkeiten haben, Ihre Träume und Ziele zu verwirklichen.